DAS BESTE VON HAMBURG IN 6 ROUTEN

ROUTE 1 > ALTSTADT, NEUSTADT & ST. GEORG **S. 18**

Im Herzen Hamburgs erwarten dich imposante Gebäude, Luxusgeschäfte und -Restaurants, die Alster, Museen und eine lebhafte Gayszene mit einladenden kleinen Lokalen.

ROUTE 2 > HAFENCITY & SPEICHERSTADT **S. 38**

Die ultramoderne HafenCity und die historische Speicherstadt locken mit Wasser, Kais zum Flanieren, urban-maritimer Atmosphäre und eindrucksvoller Architektur.

ROUTE 3 > SCHANZENVIERTEL, KAROLINENVIERTEL & ROTHERBAUM **S. 58**

Im angesagten Schanzenviertel pulsiert das Leb… sgepräg-ten links-alternativen Szene. Zum Shoppe… rtel. Die Universität und jüdische Gemeinde …

ROUTE 4 > EIMSBÜ… HARVESTEHUDE & WI…

Das sind die schicken, hippe… Tou-risten-Hotspots, aber trotzdem … wimmelt hier nur so von tollen Läden und …baren Cafés.

ROUTE 5 > ALTONA & OTTENSEN **S. 98**

In Altona hast du die Elbe, den Fischmarkt, unzählige Fischrestaurants und den Altonaer Balkon mit grandioser Aussicht. In Ottensen gibt's kreative Läden und hippe Bars zu entdecken.

ROUTE 6 > ST. PAULI **S. 118**

Die Reeperbahn ist für ihr wildes Nachtleben berüchtigt. Das ehemalige Seemannsviertel an der Elbe ist traditionell alternativ, politisch engagiert und kreativ.

HAPPY TIME GUIDE HAMBURG

Raus aus dem Hotel und schon geht's los zu den schönsten Vierteln der Stadt. Ganz nebenbei entdeckst du unterwegs neue Restaurants, den besten Kaffee und das vor Ort gebraute Bier. Im **happy time guide** geben vor Ort lebende Autoren aus Liebe zu ihrer Stadt ausschließlich die echten Highlights weiter. Auf diese Weise ersparst du dir die überlaufenen Allerwelts-Einkaufsstraßen und spazierst, während du unterwegs noch die eine oder andere Sehenswürdigkeit mitnimmst, zu den nettesten Adressen der Stadt, die auch von den Locals besonders gern besucht werden. Genieße jede Sekunde und mach das Beste aus deinem Städtetrip.

AUF NACH HAMBURG!

In Hamburg gibt es so viel zu entdecken: von alternativen Vierteln mit Märkten und Vintage-Läden über Nobelviertel mit luxuriösen Klassikern bis zu Concept Stores. Von hippen Essgelegenheiten bis zu Restaurants mit Speisen aus aller Welt oder Seemannskneipen. Von historischen Gebäuden wie dem Rathaus bis zur Elbphilharmonie in der ultramodernen HafenCity. Dazwischen befindet sich das raue, mit graffitigeschmückte St. Pauli, wo alles zusammenkommt. Und dann gibt es noch die Parks, die Alster mitten in der Stadt, einen Hafen, der nie zur Ruhe kommt, interessante Museen und die vielen Bars und Clubs, wo getanzt wird, bis die Sonne aufgeht. An Hamburg gefällt uns besonders gut, dass jeder Stadtteil sein ganz eigenes Flair hat. Wir zeigen dir, wo es die schönsten Orte zu entdecken gibt.

Mit dem **happy time guide** erlebst du wunderbare Spaziergänge und den hiesigen Lifestyle und entdeckst die Stadt in deinem eigenen Tempo. Ohne dass du dich großartig dafür vorbereiten musst. Unsere Routen führen dich an den beliebtesten Restaurants, Cafés, Museen, Läden und Sehenswürdigkeiten entlang, vorbei an den Orten unserer Stadt, wo wir selbst gern hingehen, um eine gute Zeit zu haben. Vielleicht treffen wir uns ja?

Keine der beschriebenen Adressen hat für die Vermittlung bezahlt, weder für den Text noch für die Fotos. Sämtliche Texte wurden von einer unabhängigen Redaktion verfasst.

Best tips ever!

LOCAL
EVA RIKKERS

STADT
HAMBURG

BERUF & INTERESSEN
INGENIEURIN & AUTORIN

Für Eva hat Hamburg einfach alles. Man findet sie mit einem guten Buch im Park Planten un Blomen, im Sommer im Kanu auf der Alster oder durch die hippe Schanze und das Karolinenviertel schlendernd. Sie beginnt den Tag gern im Café Johanna, spaziert dann die Elbe entlang, um Schiffe anzugucken und beendet ihn mit frischem Fisch oder einer Currywurst.

PRAKTISCHE INFOS

Mit diesen sechs Routen kannst du die schönsten Viertel Hamburgs zu Fuß oder mit dem Rad in deinem eigenen Tempo entdecken. Die Routen führen dich an Museen und Sehenswürdigkeiten vorbei, zeigen dir aber vor allem, wo du lecker essen und trinken, shoppen gehen, das Leben genießen und schöne Dinge machen kannst. Auf der Übersichtskarte vorne im Buch siehst du, durch welche Stadtteile die Routen verlaufen.

Jede Route ist klar und verständlich jeweils am Beginn des Kapitels auf einem detaillierten Stadtplan eingezeichnet. Die Adressen sind ebenfalls darauf markiert. An der Farbe der Punkte erkennst du, um welche Art von Adresse es sich handelt (sieh dir dazu die Legende unten auf dieser Seite an). Sämtliche Adressen werden im jeweiligen Kapitel ausführlich beschrieben. Ohne längeren Aufenthalt an den genannten Adressen dauern die Touren maximal drei Stunden. Die Gesamtlänge der Touren ist jeweils über der betreffenden Routenbeschreibung in Kilometern angegeben.

PREISE

Um dir eine Vorstellung von der Preisspanne in den Restaurants zu vermitteln, gibt es zu jeder Adresse einen Preishinweis. Wenn nicht anders angegeben, handelt es sich dabei um die durchschnittlichen Kosten für ein Hauptgericht. Bei den Eintrittspreisen der Sehenswürdigkeiten geben wir euch die regulären Tarife ohne eventuelle Ermäßigungen an.

LEGENDE

- >> SEHENSWÜRDIGKEITEN
- >> ESSEN & TRINKEN
- >> SHOPPEN
- >> FREIZEITTIPPS

HAMBURGER GEWOHNHEITEN

Moin moin! Diese Begrüßung passt zu jeder Tageszeit, und man bekommt sie in Hamburg häufig zu hören. Es ist nicht ganz geklärt, ob sie tatsächlich aus dem Plattdeutschen stammt, dessen heute nur noch wenige Hamburger mächtig sind. Viele können aber ein paar vereinzelte Worte sprechen oder zumindest verstehen.

Hamburger sind echte Genießer und gehen gern essen, am liebsten jeden Tag, den ganzen Tag. Die meisten Cafés bieten Frühstück an, aber besonders beliebt ist, auch während der Woche, das Brunchen; vielerorts gibt es von 9.00 bis 14.00 Uhr ein All-You-Can-Eat-Buffet. Die Qualität ist in der Regel gut, die Preise variieren allerdings sehr stark (5–15 €). Kinder bis sechs Jahre dürfen häufig gratis mitfuttern. Von 12.00 bis 15.00 Uhr bieten viele Restaurants einen Mittagstisch an, der oft um einiges preiswerter ist als die Abendkarte. Von 15.00 bis 18.00 Uhr ist Zeit für Kaffee und Kuchen, dann strömen die Schleckermäuler in die Cafés und Konditoreien. Abends geht es dann in die internationalen Restaurants, aber an den meisten Speisekarten erkennt man, dass Hamburg stolz

TIPSY BAKER

37

auf seine norddeutsche Küche ist. Auch die hippsten Restaurants lassen sich immer mehr von Seemannsgerichten inspirieren und servieren etwa ihre Version eines traditionellen Labskaus (Kartoffelpüree mit Pökelfleisch, Zwiebeln Rote Beete, Hering und Ei).

In Restaurants und Cafés ist Rauchen verboten, das gleiche gilt für große Clubs und Cocktailbars. In kleineren Clubs und Kneipen kann, mit wenigen Ausnahmen, noch geraucht werden.

Viele Cafés und Restaurants haben keine feste Schließzeit, sondern sind open end geöffnet. Bei den Adressen in diesem Guide, wo das zutrifft, ist daher nur die Zeit angegeben, zu der sie aufmachen. Geschäfte haben von Montag bis Freitag bis etwa 19.00 Uhr geöffnet, im Zentrum bis 20.00 Uhr. Samstags schließen die meisten gegen 16.00 Uhr. Sonntags sind alle Geschäfte und Supermärkte geschlossen. Falls du doch etwas benötigst, versuch es bei den (größeren) Bahnhöfen. Museen sind sonntags meist geöffnet, dafür haben sie montags zu.

FESTIVALS & VERANSTALTUNGEN

Vor allem während der Sommermonate finden viele Film-, Kunst- und Musikfestivals statt. Eine Übersicht über alle Aktivitäten in der Stadt erhältst du auf *www.hamburg.de/strassenfest*. Hier folgt eine kleine Auswahl:

Tanz in den Mai – 30. April
Früher wurden am 30. April böse Geister verjagt, heutzutage wird in Clubs in den Mai getanzt, denn der 1. Mai, der Tag der Arbeit, ist Feiertag.

Hafengeburtstag – Mai (*www.hamburg.de/hafengeburtstag*)
Das größte Hafenfest der Welt – am zweiten Mai-Wochenende wird drei Tage lang gefeiert, mit Live-Konzerten am Wasser, einer Einlaufparade von Schiffen und einem großen Feuerwerk.

ELBJAZZ Festival – Mai (*www.elbjazz.de*)
Das dreitägige internationale Jazzfestival findet Ende Mai mit zehn Bühnen an großartigen und surrealistischen Orten in und um den Hamburger Hafen statt.

Japanisches Kirschblütenfest – Mai
(*www.hamburg.de/kirschbluetenfest-hamburg*)
Mit dem Kirschblütenfest wird nach japanischer Tradition der Beginn des Frühlings zelebriert, es gibt ein großartiges Feuerwerk an der Binnenalster.

Weihnachtsmarkt – November bis Dezember
(*www.hamburg.de/weihnachtsmarkt*)
Ab Ende November bis Weihnachten gibt es im gesamten Zentrum Weihnachtsmärkte. Der größte befindet sich am Rathausmarkt, der schickste am Jungfernstieg und der lauschigste am Gänsemarkt.

NATIONALE FEIERTAGE

In der Regel sind an Feiertagen alle Geschäfte geschlossen, und die Öffnungszeiten von Sehenswürdigkeiten können abweichen. Neben den beweglichen religiösen Feiertagen Karfreitag, Ostern, Himmelfahrt, Pfingsten und Weihnachten gelten in Hamburg folgende Feiertage:

1. Januar > Neujahrstag
1. Mai > Tag der Arbeit (abends wegen der alljährlichen Krawalle das Schanzenviertel besser meiden)
3. Oktober > Tag der Deutschen Einheit
31. Oktober > Reformationstag

HAST DU NOCH TIPPS?

Wir haben diesen Reiseführer so sorgfältig wie möglich zusammengestellt. Allerdings ändert sich das Angebot von Geschäften, Restaurants, Cafés und Bars in Hamburg dauernd. Wir bemühen uns ständig, die Routen und Adressdaten auf dem neuesten Stand zu halten und überarbeiten diesen Reiseführer regelmäßig. Falls du eine Adresse dennoch nicht mehr findest oder andere Anmerkungen und Tipps für diesen Guide hast, dann lass es uns wissen. Schreib uns eine E-Mail an lektorat@verlagshaus.de.

VERKEHR

FLUGZEUG

Von Hamburgs einzigem **Flughafen** aus, dem Hamburg Airport Helmut Schmidt im Norden der Stadt, brauchst du 25 Minuten mit der S-Bahn bis zum Hauptbahnhof, günstiger kommst du nichts ins Zentrum. Die S-Bahn fährt alle 10 Minuten, eine Fahrkarte kostet etwa 3,50 €. Für ein Taxi vom Flughafen bis zum Zentrum bezahlst du ungefähr 30 €.

ÖFFENTLICHER NAHVERKEHR

Fernverkehrszüge kommen am zentral gelegenen Hauptbahnhof an. Sämtliche **S-Bahnen** und **U-Bahnen** fahren über den Hauptbahnhof, es gibt hier zwei U-Bahnstationen, die Linien U1 und U3 halten Hauptbahnhof Süd, die Linien U2 und U4 Hauptbahnhof Nord. Eine Übersichtskarte über das S- und U-Bahn-Netz findest du am Ende dieses Guides. Wochentags fahren die S- und U-Bahnen bis ungefähr 0.30 Uhr, freitag- und samstagnachts durchgehend.

Fahrkarten für S- und U-Bahn (*www.hvv.de*) bekommst du an Automaten, du kannst sie bar oder mit Karte bezahlen. Du kannst auch die HVV-App runterladen, damit sind die Tickets etwas günstiger. Für eine Fahrt mit nur wenigen Haltestellen gibt's den Kurzstreckentarif, für die Nutzung von zwei Teilstrecken brauchst du eine Nahbereichskarte und für die Zonen A+B eine Großbereichskarte. Die Fahrkarten sind für jeweils eine Fahrt gültig und müssen nicht abgestempelt werden. Ideal sind die 9-Uhr-Tageskarten (sie gelten von 9.00 bis 6.00 Uhr des folgenden Morgens), die 9-Uhr-Gruppenkarte (für maximal fünf Personen) oder die 3-Tage-Karte (sie gilt am Tag des Erwerbs und die nächsten zwei Tage). Diese Fahrkarten gelten auch für Busse und Fähren.

In der Stadt bewegst du dich am einfachsten mit der U- oder S-Bahn, mit dem **Bus** geht es aber auch prima. Busfahrkarten kannst du im Bus oder über die App kaufen. Nachtbusse erkennst du an den 600er-Nummern.

AUTO

Wenn du mit dem **Auto** anreist, benötigst du (im Gegensatz zu anderen deutschen Städten) keine Umweltplakette, um in die Innenstadt zu fahren. Außerhalb des Zentrums findest du viele kostenlose Parkplätze. Für die Stresemannstraße zwischen Kaltenkircher Platz und Neuer Kamp sowie für die Max-Brauer-Allee in Altona zwischen Chemnitzstraße/Gerichtstraße/Julius-Leber-Straße und Holstenstraße gilt streckenweise ein Fahrverbot für Dieselfahrzeuge, die nicht der Abgasnorm Euro 6 entsprechen. Diese Abschnitte sind beschildert. In der Stresemannstraße gilt das Verbot nicht für PKWs. Wer gegen das Verbot verstößt, zahlt 25 Euro Bußgeld, aktuelle Informationen siehe *hamburg.de/luftreinhaltung*.

TAXI

Taxis kannst du auf der Straße anhalten oder telefonisch bestellen. Die Grundgebühr beträgt 3,50 Euro, kurze Fahrten (bis 4 Kilometer) kosten rund 2,45 Euro pro Kilometer, Fahrten ab 4 bis 9 Kilometer kosten 2,20 Euro pro Kilometer. Die größten Taxizentralen sind Taxi Hamburg (040 666666) und Hansa Taxi (040 211211).

E-ROLLER & E-SCOOTER

Eine immer beliebtere Transportart stellen **E-Roller** und **E-Scooter** dar, die über eine App gemietet werden können. In Hamburg stehen viele davon herum, und man gelangt damit schnell von A nach B. Anbieter von E-Rollern sind Lime, Tier und Bolt, E-Scooter gibt's bei Felyx oder Emmy.

FÄHRE

Eine sehr schöne Art der Fortbewegung bietet die **Fähre** (*www.hadag.de/hafenfaehren.html*). Der Hauptanleger der Hadag-Hafenfähre ist Landungsbrücken. Die Linie 62 ist die wichtigste und fährt Fischmarkt, Dockland, Neumühlen/Övelgönne (Elbstrand) und Finkenwerder an. Auch Fahrräder dürfen mit auf die Fähre. Die Fähren fahren von etwa 6 bis 23 Uhr, tagsüber im 15-Minuten-Takt, abends alle halbe Stunde. Tipp: Kombiniere Fahrrad und Fähre miteinander, unternimm eine Radtour zum Elbstrand und nimm nach Sonnenuntergang die Fähre zurück.

RAD FAHREN

Hamburg lässt sich prima mit dem **Fahrrad** erkunden. Die Stadt ist überwiegend flach, und es werden immer mehr Radwege gebaut. Allerdings hat Hamburg auch ein hohes Verkehrsaufkommen, und die Radwege sind nicht überall gut gekennzeichnet. Manche Autofahrer rechnen nicht mit Radfahrern, weil sie es einfach nicht gewohnt sind, pass also immer gut auf. Das Tragen eines Helms ist zwar keine Pflicht, aber die meisten tun es. Bei Dunkelheit ist es wichtig, eine gute Fahrradbeleuchtung zu haben. Die Polizei führt strenge Kontrollen durch und verteilt saftige Bußgelder, wenn du ohne Licht mit dem Rad unterwegs bist. Auch bei Rot zu fahren wird sehr teuer.

In Hamburg gibt es ein wunderbar funktionierendes Bikesharing-System. Die roten Fahrräder von StadtRAD (*stadtrad.hamburg.de*) findet man in der ganzen Stadt. Mit deiner Kreditkarte kannst du dich ganz einfach über die App oder bei einer StadtRAD-Station registrieren. Die ersten 30 Minuten sind immer gratis, danach zahlst du 8 Cent pro Minute und maximal 12 Euro für einen ganzen Tag. Mit der App ist es ganz einfach, ein Rad zu mieten und wieder abzugeben.

Eine der schönsten Touren ist die Hafenerlebnisroute, die du dir gratis von der Webseite des Hamburger Hafens (*www.hafen-hamburg.de*) herunterladen

kannst. Auf dieser Route bekommst du alle berühmten, aber auch weniger berühmte Orte des Hafens zu sehen. Du möchtest deine eigene Tour zusammenstellen? Das geht mit der Routenplaner-App (*www.hamburg.de/radroutenplaner*). Mach doch eine Tour um die Außenalster herum oder ins prächtige Blankenese.

Wenn du lieber mit einem Fahrrad-Guide unterwegs bist, schau doch mal bei Hamburg City Cycles vorbei (*www.hhcitycycles.de*). Sie bieten feste Radtouren an, erfüllen aber auch individuelle Wünsche: Du gibst an, was du sehen möchtest, und City Cyles stellt dir eine schöne Tour zusammen. Auch Zweiradperle (*www.zweiradperle.hamburg*) hat verschiedene Radtouren im Angebot. Nach der Radtour kannst du im Bike Café entspannen. Sowohl bei Hamburg City Cyles als auch bei Zweiradperle werden die Räder für die Touren gestellt, aber auch einfach so vermietet.

TOP 10 KAFFEE & KUCHEN

1 Iss ein himmlisches Stück Torte im **Liebes Bisschen** > S. 106

2 Der Kuchen in **Gretchens Villa** stammt aus der hauseigenen Bäckerei > Marktstraße 142

3 Veganes ohne Zuckerzusatz bei **ÆNDRÈ** > Lehmweg 31A

4 15 verschiedene Kaffeesorten hat **Elbgold** im Angebot > Schanze, Lagerstraße 34c & S. 89

5 Wunderbaren Kuchen und Macarons gibt's bei **Zuckermonarchie** > Taubenstraße 15

6 Für Gesundes zwischendurch sorgt **moki's goodies** > S. 85

7 Ob Sommer oder Winter: du brauchst Eis von **Eisliebe** > S. 109

8 Mit einem Stück Kuchen im **Café Johanna** entspannen > S. 125

9 Echt guter Kaffee im **CODOS** > Bahrenfelderstraße 156

10 **Herr Max**: Bis 21 Uhr Tee & Kuchen mit den Locals > S. 69

TOP 10 RESTAURANTS

1 Romantisches Dinner im **Cantuccio** > Eppendorfer Landstraße 36

2 Burger essen und Biertasting bei **Altes Mädchen** > S. 67

3 **Anno 1905** serviert echtes Hamburger Labskaus > Holstenplatz 17

4 Im **Liberté** auf einem Ponton auf der Elbe speisen > S. 102

5 Altdeutsche Küche & Bier bei **Thämers** > Großneumarkt 10

6 Exotisches Essen und Hafenblick im **Salt & Silver** > S. 104

7 Lass dich im stilvollen Restaurant **Nil** überraschen > S. 133

8 Skandinavisches steht auf der Karte des **Hæbel** > S. 129

9 Schnitzel essen in der Kneipe **Frau Möller** > Lange Reihe 96

10 Für Feinschmecker und Weinliebhaber: **Witwenball** > S. 65

TOP 10 AUSGEHEN

1 Cocktails *with a view* im **clouds Heaven's Nest** > Reeperbahn 1

2 **Kulturhaus Dreiundsiebzig**: Vier Clubs unter einem Dach > Schulterblatt 73

3 Misch dich unter die Locals im **Aurel** > S. 109

4 Trink einen Cocktail mit Hafenblick im **StrandPauli** > S. 126

5 Margarita-Spezialitäten kriegst du bei **The Chug Club** > S. 129

6 Musik im alten Bunker: **Uebel & Gefährlich** > Feldstraße 66

7 Bestelle ein „Herrengedeck" in der **Tipsy Baker Bar** > S. 30

8 Cocktails in der **Puzzle Bar** in der HafenCity > Versmannstraße 2

9 **Laundrette** ist Waschsalon und Cocktailbar in einem > S. 109

10 DJs, Lesungen und Drinks: **BARBONCINO zwölphi** > St. Pauli Fischmarkt 27

TOP 10 SONNTAG

1 Fotografie und tolle Ausstellungen in den **Deichtorhallen** > S. 42

2 Ein Bummel durch Hamburgs schönsten Park **Planten un Blomen** > S. 75

3 Zum Brunch mit leckeren Waffeln in den **Salon Wechsel Dich** > Grindelhof 62

4 SUP auf der Alster mit einem Board von **Supper Club** > S. 97

5 Streife durch das Treppenviertel in **Blankenese** > S. 143

6 Genieß die Aussicht von der Plaza der **Elbphilharmonie** > S. 54

7 Geh durch den **Alten Elbtunnel** und iss auf der anderen Seite eine Currywurst > S. 135

8 Steh früh auf und besuche den **Altonaer Fischmarkt** > S. 114

9 Spaziere oder **radle eine Runde um die Alster** > S. 142

10 Bewundere die Stadt bei einer **Großen Hafenrundfahrt** > S. 134

ROUTE 1

ALTSTADT, NEUSTADT & ST. GEORG

INFOS ZUR ROUTE

Dieser Spaziergang eignet sich gut, um einen ersten Eindruck von Hamburg zu bekommen. Du spazierst an bedeutsamen alten Gebäuden wie dem Rathaus und dem Levantehaus vorbei. In den Einkaufsstraßen passierst du große Kaufhäuser, aber auch Galerien und Feinkostläden. Mit einer Bootsfahrt über die Alster kannst du die Runde halbieren. Die Gegend um den Hauptbahnhof herum ist betriebsam und nicht sehr einladend, aber die weitere Route in St. Georg und an der Außenalster entlang macht das wieder wett.

DIE VIERTEL

Die Innenstadt von Hamburg besteht aus **Altstadt** und **Neustadt**, dazwischen fließt die Alster. Das imposante **Rathaus** bildet den Schnittpunkt dieser beiden Stadtteile. Die Alster ist in die kleinere Binnenalster und die größere Außenalster unterteilt. Ein Großbrand verwüstete 1842 ein Viertel der damaligen Stadt. Dabei brannten u. a. das Rathaus und zwei Kirchen komplett ab. Die Stadt nutzte die Gelegenheit, ihre Infrastruktur zu modernisieren. Die Architektur aus der Zeit nach dem Großbrand übernahm die klassizistischen Formen italienischer Städte, die man etwa bei den Rundbögen der Alsterarkaden neben dem Rathaus sieht.

Heute sind die Neustadt und die Altstadt Hamburgs wichtigste Shopping- und Geschäftsviertel, Wohnhäuser findet man hier kaum, dafür traditionell viele Banken, Versicherungen und Verlage. Kein Wunder also, dass die stylishen Restaurants ab mittags bis zum Feierabend gut gefüllt sind! Große Kaufhäuser prägen das Bild der Mönckeberg- und Spitalerstraße, aber auch schöne Gebäude wie zum Beispiel das **Levantehaus**, hin und wieder lohnt sich der Blick nach oben. In den vornehmen Einkaufsstraßen Neuer Wall und Große Bleichen findest du die großen Designermarken und das Luxus-Kaufhaus **Alsterhaus.** Sie münden beide in den berühmten Jungfernstieg direkt an der

LEGENDE
>> SEHENSWÜRDIGKEITEN
>> ESSEN & TRINKEN
>> SHOPPEN
>> FREIZEITTIPPS
ROTHERBAUM
Moorweide
Außenalster
Binnenalster
Planten un Blomen
Musikpavillon
ROUTE 3
Dammtor (Messe/CCH)
Alter Botanischer Garten
Gustav-Mahler-Park
Stephansplatz (Oper/CCH)
Einfache Bühne
ZIEL
Hamburgische Staatsoper
Laeiszhalle Musikhalle Hamburg
Gänsemarkt (Oper)
Hamburger Engelsaal
Opernloft
NEUSTADT
Jungfernstieg
Bucerius Kunst Forum
Rathaus
Bischofsturm
Thalia Theater
Mönckeberg-str.
Galerie der Gegenwart
Hamburger Kunsthalle
ROUTE 1
Hauptbahnhof Nord
Ohnsorg Theater
Deutsches Schauspielhaus
Hansatheater
polittbüro
Hamburg Hbf
Hauptbahnhof Süd
Museum für Kunst und Gewerbe Hamburg
ST. GEORG
Steinstraße
Kunsthaus Hamburg
Chocoversum Hachez
Meßberg
Deichtorhallen
Haus der Photographie
ALTSTADT
Stadthausbrücke
Fleetstreet Hamburg
START
Rödingsmarkt
ROUTE 6
ROUTE 2
Deutsches Zollmuseum
HAFENCITY
Internationales Maritimes Museum
PROTOTYP -Das Automuseum
Theater Kehrwieder
Zollkanal
Ericusgraben
Brooksfleet
Kehrwiederfleet
Schleusenkanal
Bleichenfleet
ESPLANADE
LOMBARDSBRÜCKE
KENNEDYBRÜCKE
BALLINDAMM
AN DER ALSTER
LANGE REIHE
STEINTORWALL
STEINSTRASSE
WILLY-BRANDT-STRASSE
LUDWIG-ERHARD-STRASSE
GÄNSEMARKT
JUNGFERNSTIEG
NEUER JUNGFERNSTIEG
DAMMTORSTRASSE
GORCH-FOCK-WALL
KAISER-WILHELM-STRASSE
AMSINCKSTRASSE
0 250 m

Alster. Ein guter Ort zum Flanieren, um die schöne Aussicht zu genießen oder eine Schiffsrundfahrt zu unternehmen.

Im Stadtteil **St. Georg** herrscht ein multikulturelles Ambiente. Die wichtigste Straße ist hier die Lange Reihe, sie ist das Herz der LGBTQ+-Community. Mit den vielen Cafés, Restaurants und Geschäften ist es hier sehr lebendig.

WENIG ZEIT? DAS SIND DIE HIGHLIGHTS:
STADTHÖFE + GÄNGEVIERTEL + ALSTERHAUS + RATHAUS + ALSTER-KREUZFAHRT

ALTSTADT, NEUSTADT & ST. GEORG

1 Erste Liebe Bar
2 Galerierundgang Fleetinsel
3 Stadthöfe
4 Secondella
5 Petra Teufel
6 Oschätzchen
7 Gängeviertel
8 NIVEA Haus
9 Alsterpavillon ALEX
10 Alsterhaus
11 Saliba Alsterarkaden
12 Bucerius Kunstforum
13 Rathaus
14 Das Parlament
15 Café Paris
16 Le Lion
17 Hauptkirche St. Petri
18 Brooklyn Burger Bar
19 Helmut-Schmidt-Haus / Hofbräu Wirtshaus
20 Die alte Druckerei
21 bona'me
22 Manufactum
23 Chilehaus
24 Mö-Grill
25 Levantehaus
26 Vintage & Rags
27 Hamburger Kunsthalle
28 Mutterland
29 Lagerhaus
30 The Art of Hamburg
31 Cox
32 Koppel 66 / Café Koppel
33 Café Gnosa
34 a.mora
35 Alster-Kreuzfahrt
36 Lombardsbrücke / Dampfboot-Wartezimmer
37 Tipsy Baker Bar
38 Fischfeinkost Delikatessen des Meeres
39 Hamburgische Staatsoper

BESCHREIBUNG ROUTE 1 (ca. 8 km)

Starte am U-Bahnhof Rödingsmarkt. Zwischen Heiligengeistbrücke und Michaelisbrücke kannst du einen Kaffee 1 trinken und anschließend in der Admiralitätstraße Galerien 2 besuchen. Kehr um und überquere die Stadthausbrücke Richtung Neuer Wall. Zweige links in den Palaishof ab und inspiziere die Stadthöfe 3. Geh nach dem Bleichenhof über die Bleichenbrücke und weiter über Hohe Bleichen 4 5 6, links in die ABC-Straße und am Ende rechts. Biege links in die Speckstraße 7, rechts in den Bäckerbreitergang und dann nochmal rechts ab. Folge Valentinskamp, Gänsemarkt und Jungfernstieg bis zum NIVEA Haus 8. Ein Stückchen weiter kannst du die Aussicht 9 genießen und Delikatessen 10 kaufen. Nimm rechts den Neuen Wall und betritt bei Hausnr. 13 links die Passage 11. Unter den Alsterarkaden rechts und dann links über die Brücke wartet rechts eine besondere Ausstellung 12. Bewundere das Rathaus 13, im Keller kannst du Mittag essen 14, für andere Optionen 15 16 biege scharf links in die Rathausstraße ab. Am Ende nochmal links gibt's eine Kirche zu besichtigen 17. Danach spazierst du zurück zur Schmiedestraße, die in den Alten Fischmarkt übergeht, wo du einen leckeren Burger essen kannst 18. Überquere den Domplatz zum Verlagsgebäude der *ZEIT* 19. Weiter um die Ecke über Speersort und rechts in die Kattrepel locken ein Glas Wein und türkisches Essen 20 21. Der Laden im historischen Gebäude gegenüber lädt zum Stöbern ein 22 23. Weiter Richtung Burchardplatz, Mohlenhofstraße und schließlich Jakobikirchhof kannst du eine leckere Currywurst essen 24. Bummele rechts durch die Mönckebergstraße bis Lange Mühren und schau dir unterwegs das Levantehaus 25 an. Links kommst du zu einer Vintage-Boutique 26. Rechts und dann links lockt Kunstgenuss 27, geradeaus über die Brücke gelangst du am Ende der Ernst-Merck-Straße 28 quasi direkt in die Lange Reihe, wo du shoppen, lecker essen und trinken gehen kannst 29 30 31 32 33. Biege anschließend links in die Schmilinskystraße und wieder links in An der Alster ab. Zeit für einen Drink am Wasser 34 oder eine Alster-Rundfahrt 35. Spaziere weiter durch den Park und auf die Lombardsbrücke, um ein Foto zu machen 36. Weiter geradeaus über die Esplanade kannst du am Ende links etwas trinken 37 oder in den Colonnaden beim Italiener Fisch 38 essen. Zum Abschluss des Tages bietet sich rechts ein schöner Abend in der Staatsoper 39 an.

SEHENSWÜRDIGKEITEN

⑦ Das **Gängeviertel** ist umgeben von modernen Büros. Die historischen Gebäude dieses alternativen Viertels wurden 1996 nach jahrelangem Leerstand besetzt, seitdem wohnen und arbeiten dort Künstler. Die vormals heruntergekommenen Häuser sind jetzt bunt bemalt. Du kannst durch das Viertel bummeln und die Ateliers besichtigen, die Bewohner erzählen dir gern mehr.
Zwischen Valentinskamp, Speckstraße und Caffamacherreihe, www.das-gaengeviertel.info, Di–So 10.00–17.00 Uhr, U-Bahn U 2 Gänsemarkt

⑫ Das **Bucerius Kunstforum** residiert neben dem Rathaus in einem neoklassizistischen Gebäude, in dem früher eine Bank ansässig war. Jedes Jahr organisieren renommierte Kuratoren dort vier erstklassige Ausstellungen mit Werken aus der Alten Geschichte bis zur Gegenwart. Der Museumsshop hält ein großes Sortiment an Kunstbüchern, Ansichtskarten und modernem Nippes bereit.
Rathausmarkt 2, www.buceriuskunstforum.de, Tel. 040 3609960, Mo–Mi & Fr–So 11.00–19.00, Do 11.00–21.00 Uhr, Eintritt 9 €, U-Bahn U 3 Rathaus

⑬ Hamburgs ganzer Stolz ist das riesige **Rathaus** im Neorenaissance-Stil. Es ist das fünfte Rathaus in der Geschichte der Stadt, frühere Rathäuser wurden durch Kriege und den Brand von 1842 zerstört. Die ornamentverzierten Säle sind ebenso einen Besuch wert wie der Innenhof mit dem schönen Brunnen. Auf dem Rathausplatz findet im Winter Hamburgs größter Weihnachtsmarkt statt.
Rathausmarkt 1, www.hamburg.de/rathaus, Tel. 040 428312064, tgl. 7.00–20.00 Uhr, Führungen siehe Webseite, Eintritt frei, Führung 5 €, U-Bahn U 3 Rathaus

⑰ Die ursprünglich gotische **Hauptkirche St. Petri** wurde nach dem Brand von 1842 im neogotischen Stil wieder aufgebaut. Die meisten Kunstwerke aus der Zeit vor dem Brand sind glücklicherweise erhalten geblieben, u. a. das gotische Madonnenbild von 1470. Den mit einem Löwenkopf verzierten Türklopfer aus Bronze von 1342 findest du hinter dem Turm an der linken Kirchentür. Es ist der bekannteste Kunstschatz der Kirche und der älteste der Stadt.
Bei der Petrikirche 2, www.sankt-petri.de, Tel. 040 3257400, Mo–Di & Do–Fr 10.00–18.30, Mi 10.00–19.00, Sa 10.00–17.00, So 9.00–18.00 Uhr, Eintritt frei, U-Bahn U 3 Mönckebergstraße, Rathaus

13

7
SAY THEIR
NAMES

Don't miss the highlights!

⑲ Das **Helmut-Schmidt-Haus** ist Sitz der beliebtesten Wochenzeitung der Intellektuellen Deutschlands, *DIE ZEIT*. Das imposante Bauwerk verdankt seinen Namen Ex-Kanzler Helmut Schmidt, der nach seiner politischen Karriere Herausgeber des Blatts wurde. 1938 war das Gebäude für die Hamburger Zeitung der nationalsozialistischen NSDAP fertiggestellt und während des Kriegs beschädigt worden. 1946 zog dann die Redaktion der *ZEIT* dort ein. Abends herrscht neben dem **Hofbräu Wirtshaus** echte Biergartenatmosphäre.
Speersort 1, fb @zeitcafe.hamburg, Tel. 040 39893770, Restaurant Mo–Sa 11.00–23.00, So 10.00–23.00 Uhr, U-Bahn U 3 Mönckebergstraße, Rathaus

㉓ Das **Chilehaus** (1924) von Fritz Höger ist eine experimentelle Kombination aus traditionellem Backsteingebäude und modernistischem Konzept. Das beeindruckende Gebäude hat 10 Etagen, und wirkt mit der spitz zulaufenden Fassade wie der Bug eines Schiffes. Es wurde weltweit als Symbol expressionistischer Architektur berühmt und gehört seit 2015 zum Weltkulturerbe der UNESCO.
Zwischen Pumpen und Burchardstraße, über Fischertwiete durch die Unterführung, www.chilehaus.de, Tel. 040 349194247, U-Bahn U 1 Meßberg

(25) Das **Levantehaus** von 1912 wurde nach seinem ersten Mieter benannt, der Deutschen Levante Schifffahrts-Linie, und ist ein schönes Beispiel für ein Hamburger Kontorhaus. Das Gebäude hat eine beeindruckende Fassade, und unter dem Glasdach kannst du drinnen durch das luxuriöse Shopping-Center mit den vielen Ornamenten bummeln. Es vereint vierzig exklusive Geschäfte, Cafés und Restaurants, darunter das Café **Die Rösterei** (*www.die-roesterei.com*) und das ausgezeichnete österreichische Restaurant **Tschebull** (*www.tschebull.de*).
Mönckebergstraße 7, www.levantehaus.de, Tel. 040 326816, Mo–Fr 10.00–19.00, Sa 10.00–18.00 Uhr (einige Geschäfte und Gastronomie auch später), U-Bahn U 1, 2, 3, 4 Hauptbahnhof, 3 Mönckebergstraße, S-Bahn S 1, 2, 3, 11, 21, 31 Hauptbahnhof

(27) Die **Hamburger Kunsthalle** ist das wichtigste Kunstmuseum Hamburgs. Die Sammlung umfasst bildende Kunst ab dem Mittelalter bis heute. Der deutschen Romantik des 19. Jahrhunderts kommt zwar ein besonderer Platz zu, doch es gibt auch Werke von Rodin, Rembrandt und Monet zu sehen. Die 1997 eröffnete moderne Dependance stellt moderne Kunst ab den 1960er-Jahren aus, mit Werken von u. a. Richard Serra, Sigmar Polke und Georg Baselitz. Durch das erstaunlich breite Angebot an Strömungen gibt es eine Menge zu entdecken.
Glockengießerwall 5, www.hamburger-kunsthalle.de, Tel. 040 428131200, Di–Mi & Fr–So 10.00–18.00, Do 10.00–21.00 Uhr, Eintritt 14 €, U-Bahn U 1, 2, 3, 4 Hauptbahnhof, S-Bahn S 1, 2, 3, 11, 21, 31 Hauptbahnhof

ESSEN & TRINKEN

(1) Den Spruch „Die erste Liebe vergisst man nicht" hat diese kreative Bar sich zu Herzen genommen. Die Einrichtung der **Erste Liebe Bar** ist minimalistisch-schick, komplett schwarz, mit Marmorelementen. Es gibt Kaffee und leckeren Tee (etwa Ingwer-Minz-Orangentee), Sandwiches und Biomüsli. Der hausgemachte Marmorkuchen ist sehr zu empfehlen.
Michaelisbrücke 3, www.ersteliebebar.de, Tel. 040 36901808, Di–Mi 08.00–15.00, Do–Fr 08.00–18.00, Sa 09.30–18.00 Uhr, Preise Snacks 5 €, U-Bahn U 3 Rödingsmarkt

(9) Beim **ALEX** im **Alsterpavillon** erlebst du die Stadt von ihrer schönsten Seite. Das Restaurant hat eine Terrasse mit Blick auf die Binnenalster. Das

Frühstücksbüfett ist sehr beliebt, aber auch abends ist hier viel los. Und nebenan werden informative Alsterrundfahrten angeboten.
Jungfernstieg 54, www.dein-alex.de/hamburg, Tel. 040 3501870, Mo–Do 8.00–1.00, Fr–Sa 8.00–2.00, So 9.00–1.00 Uhr, Frühstücksbüfett Mo–Fr 8.00–12.00, Sa 8.00–13.00, So 9.00–14.30 Uhr, Preis Frühstücksbüfett 11,80 € (Sonntag 17,90 €), U-Bahn U 1, 2, 4 Jungfernstieg, 3 Rathaus, S-Bahn S 1, 2, 3 Jungfernstieg

(11) Du guckst zwar auf die Alster, schmeckst aber Syrien in den würzigen, überwiegend vegetarischen Gerichten im **Saliba Alsterarkaden**. Nichts mehr frei auf der sonnigen Terrasse? Nimm die schmale Treppe hoch in den ersten Stock mit den arabischen Ornamenten. Ein echter Tipp ist die Vorspeisenplatte *Mazza*. Ist der Hunger nicht so groß, gibt es Fingerfood oder du kannst dich bei Rosentee und einem Stück Kuchen entspannen. Es gibt auch Saliba-Kochbücher zu kaufen.
Neuer Wall 13, www.saliba.de, Tel. 040 345021, tgl. 12.00–22.00 Uhr, Preis 18 €, U-Bahn U 1, 2, 4 Jungfernstieg, 3 Rathaus, S-Bahn S 1, 2, 3 Jungfernstieg

(14) Im alten Weinkeller des Rathauses befindet sich jetzt das vornehme Restaurant **Das Parlament**. Die Einrichtung ist ein gelungener Mix aus Tradition und modernem Design in einem großen Saal mit riesigen Säulen. Der lange Tresen wird mit Designerlampen beleuchtet. Man kann hier auch problemlos allein etwas am Tresen trinken. Im Innenhof des Rathauses befindet sich die Terrasse.
Rathausmarkt 1, www.parlament-hamburg.de, Tel. 040 334680210, Mo–Sa 11.30–0.00 Uhr, Preis 19 €, U-Bahn U 3 Rathaus

(15) **Café Paris** ist ein Klassiker, man fühlt sich wie in Frankreich, die Kellner sprechen französisch, auf dem Gehweg stehen winzige Tische und die Karte ist voller französischer Begriffe. Beachte die Jugendstildecke mit den bemalten Kacheln.
Rathausstraße 4, www.cafeparis.net, Tel. 040 32527777, Mo–Sa 9.00–23.30, So 9.30–23.30 Uhr, Preis 20 €, U-Bahn U 3 Rathaus

(16) Hinter der schweren Tür mit Klingel verbirgt sich eine Cocktailbar mit Klasse. Gedämpftes Licht, Braun- und Goldtöne, Deko-Tapete, komfortable Bänke und Barhocker: Im **Lion** kannst du wunderbar die Außenwelt hinter dir lassen.
Rathausstraße 3, insta @barlelion, Tel. 040 334753780, Mi–Sa 16.00–23.00 Uhr, Preis Cocktail 14 €, U-Bahn U 3 Rathaus

20

20

11

21
ona'me

37
BAKERY

21

24
...dann probier doch mal den
...alles
Käsegriller vom
Grill

20

38
FACHGESCHÄFT FÜR MEERES-SPEZIALITÄTEN
FISCHHANDEL
SEIT - 1895
104
D.O.C
VINUM ET CIBUS
SEIT
1895

(18) In der angesagten **Brooklyn Burger Bar** ist Reservieren ist ein Muss. Die Cocktails sind innovativ, die Hamburger (auch vegan) saftig und lecker. Was früher eine Apotheke war, kommt jetzt in urbanem Schick daher, mit blanken Wänden und Elementen aus dem mittlerweile geschlossenen Filmtheater Streit's.
Alter Fischmarkt 3, www.brooklynburgerbar.de, Tel. 040 34994866, Mo–Do 18.00–0.00, Fr–Sa 18.00–3.00 Uhr, Lunch Mo–Fr 12.00–15.00 Uhr, Preis 12,50 €, U-Bahn U 3 Mönckebergstraße, Rathaus

(20) **Die alte Druckerei** ist eine Weinbar mit modernem Industrieflair. Wochentags kommen die Hamburger zur Mittagspause her, abends nehmen sie hier, dank der großen Weinkarte und Antipasti, gern auch ein Feierabendgetränk. Am Wochenende gibt's Brunch mit hausgemachtem Granola und Sauerteigbrot.
Kattrepel 2, www.die-alte-druckerei.de, Tel. 01707013786, Mi–Fr 11.00–0.00, Sa–So 10.00–0.00 Uhr, Preis Frühstück 7,50 €, U-Bahn U 1 Meßberg

(21) **Bona'me** bedeutet „unser Haus" auf Kurdisch, und genau so soll es sich anfühlen, wenn du hier isst. Bestelle und hol dir die kurdisch-türkischen Speisen selbst an der offenen Küche, dann suchst du dir einen Tisch im gemütlichen Restaurant oder auf der Terrasse aus. Sie sind für ihre *Mezze* bekannt, die du wie Tapas mit allen am Tisch teilst. Ein wahrer Genuss ist auch das Frühstück.
Burchardstraße 17, www.bona-me.de, Tel. 040 32870170, tgl. 9.00–23.00 Uhr, Preis Mezze 9,90 €, großes Frühstück 11,90 €, U-Bahn U 1 Meßberg

(24) Für die meisten Einheimischen gehört zur Shoppingtour eine Currywurst vom **Mö-Grill** einfach dazu. Du musst dazu nicht mal über die Straße, die beliebte Snackbar gibt's auf beiden Seiten des kleinen Platzes bei der U-Bahnstation.
Mönckebergstraße 11, www.moegrill.de, Tel. 040 335599, tgl. 10.00–20.00 Uhr, Preis Currywurst 3 €, U-Bahn U 3 Mönckebergstraße

(31) Das Restaurant **Cox** wird dich nicht enttäuschen. Die moderne französisch-norddeutsche Fusionküche ist ausgezeichnet, die bistroartige Einrichtung gepflegt und die Bedienung aufmerksam. Absolute Wohlfühlatmosphäre.
Lange Reihe 68, www.restaurant-cox.de, Tel. 040 249422, Di–Sa 12.00–14.30 & 18.00–23.00 Uhr, Preis 24,50 €, U-Bahn U 1, 2, 3, 4 Hauptbahnhof, S-Bahn S 1, 2, 3, 11, 21, 31 Hauptbahnhof

(33) In diesem anheimelnden Café im Stil der 1930er-Jahre erwartet man eigentlich ältliche Damen mit Hut. Aber nein. Im **Café Gnosa** kommt die Hamburger LGBTQ+-Szene für Kaffee und Kuchen, Mittag- oder Abendessen zusammen. Auch Heteros sind willkommen.

Lange Reihe 93, fb @cafegnosa, Tel. 040 243034, So–Do 10.00–23.00, Fr–Sa 10.00–0.00 Uhr, Preis 9 €, U-Bahn U 1, 2, 3, 4 Hauptbahnhof, 1 Lohmühlenstraße, S-Bahn S 1, 2, 3, 11, 21, 31 Hauptbahnhof

(34) Direkt an der Außenalster ist **a.mora** der perfekte Ort zum Wassertreten, Tagträumen und Segelboote gucken. Von deinem Stuhl auf dem Steg aus bestellst du Frühstück, hausgemachten Kuchen und herzhafte Kleinigkeiten wie gefüllte Ofenkartoffeln. Zum späten Nachmittag erscheinen die DJs und verwandeln den Steg in eine Open-Air-Bar. Im Winter wird Glühwein und Bratwurst serviert.

An der Alster 72, www.a-mora.com, Tel. 040 28056735, Mo–Mi 10.00–22.00, Do 10.00–23.00, Fr–Sa 10.00–0.00, So 10.00–21.30 Uhr, Preis 15 €, U-Bahn U 1, 2, 3, 4 Hauptbahnhof, S-Bahn S 1, 2, 3, 11, 21, 31 Hauptbahnhof

(37) Ein „Herrengedeck" galt lange als altmodisch, ist aber mittlerweile, auch dank der **Tipsy Baker Bar**, wieder angesagt. Bei einem Herrengedeck trinkst du ein kaltes Bier gleichzeitig mit einem Schnaps nach Wahl. Das machst du mit einer Hand: Das Bierglas hältst du mit Daumen und kleinem Finger, das Schnapsglas mit dem Mittel- und Ringfinger über dem Bierglas. Das bedarf einiger Übung – in der Tipsy Baker Bar kannst du es mit zehn verschiedenen Kombinationen ausprobieren. Zum Herrengedeck gibt es auch eine kleine Brotzeit (Brot mit Butter), damit du nicht sofort betrunken wirst.

Esplanade 29, fb @tipsybakerbar, Tel. 040 33370328, Mi–Do 17.00–1.00, Fr–Sa 17.00–2.00 Uhr, Preis Herrengedeck ab 5 €, U-Bahn U 1 Stephansplatz

(38) **Fischfeinkost Delikatessen des Meeres** ist eine italienische Perle in versteckter Lage: Jeden Tag gibt es ein klassisch-italienisches Mittagsgericht mit Fisch, frisch und günstig. Drinnen im Souterrain ist wenig Platz, draußen auf der Terrasse dafür umso mehr.

Colonnaden 104, Tel. 040 346314, Mo–Fr 11.30–17.00 Uhr, Preis 7 €, U-Bahn U 1 Stephansplatz

SHOPPEN

④ **Secondella** ist ein unglaublich großer und unglaublich luxuriöser Second hand-Laden. Hier findest du u. a. Vintage-Stücke von Chanel, Dior und Marc Jacobs. Du möchtest dich ein bisschen vorbereiten? Schau dir auf der Webseite die Kollektion an und reserviere Kleidungsstücke per Mail.

Hohe Bleichen 5, www.secondella.de, Tel. 040 352931, Mo–Sa 10.00–18.00 Uhr, U-Bahn U 2 Gänsemarkt

⑤ **Petra Teufel** gehört zu Hamburgs besten Geschäften für exklusive und avantgardistische Mode. Nationale, aber auch internationale Stars haben dort schon ihre Outfits gekauft. In den 1980er-Jahren war Petra Teufel die erste Vertriebsstelle in Deutschland für Mode von Dries van Noten und Comme des Garçons. Neben den großen Designermarken verkauft die Boutique auch Marken wie Velvet, Kenzo und Humanoid.

Hohe Bleichen 13, www.petrateufel.de, Tel. 040 3786160, Mo–Fr 10.00–19.00, Sa 11.00–18.00 Uhr, U-Bahn U 2 Gänsemarkt

10

30

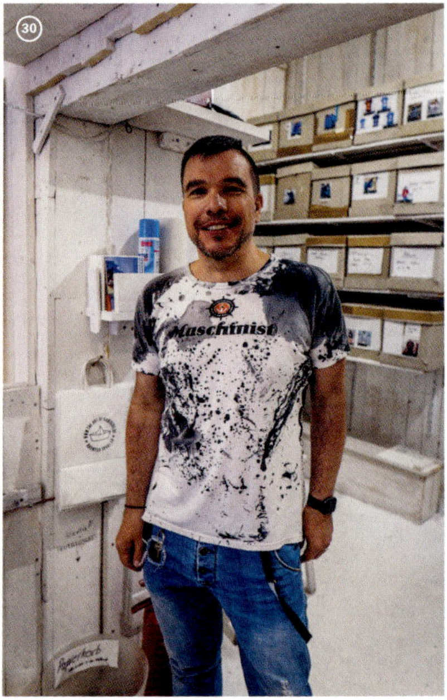

Made in Hamburg

28

⑥ „Genuss ist unsere Leidenschaft" lautet die Philosophie des Gourmet-Shops **Oschätzchen**. Und der dänische Familienbetrieb hat Ahnung von Genuss, das exquisite Geschäft ist eine wahre Schatzkiste voller Köstlichkeiten und Küchenaccessoires, die auch noch schön eingepackt werden. Wetten, dass du es nicht mit leeren Händen verlässt? Oschätzchen findest du auch im Alsterhaus (4. Etage).
Hohe Bleichen 26, www.oschaetzchen.com, Tel. 040 35004780, Mo–Fr 10.00–19.00, S 10.00–18.00 Uhr, U-Bahn U 2 Gänsemarkt

⑧ Das **NIVEA Haus** ist eine Ode an die bekannteste Marke des Mutterunternehmens Beiersdorf, das in Hamburg seinen Sitz hat. Die klassische Nivea-Creme gibt's schon seit 1911 und sorgt in Familien weltweit für weiche Haut. Neben allen Nivea-Produkten und -Fanartikeln bietet der Flagship-Store auch Hautpflegeberatung, Massagen und Schönheitsbehandlungen an. Ein originelles Souvenir ist eine Dose Nivea, die du mit eigenem Foto und Text bedrucken lassen kannst. Trockene Haut außerhalb der Öffnungszeiten? Am Automaten an der Außenmauer des Geschäfts bekommst du für einen Euro ein Nivea-Döschen.
Jungfernstieg 51, www.nivea.de/haus, Tel. 040 82224740, Mo–Sa 10.00–19.00 Uhr, U-Bahn U 1, 2, 4 Jungfernstieg, S-Bahn S 1, 2, 3 Jungfernstieg

⑩ Das **Alsterhaus** ist das Luxuskaufhaus schlechthin, der Haupteingang befindet sich am Jungfernstieg. Als es 1912 eröffnet wurde, war es sofort ein Highlight der Stadt, und das ist es all die Jahre geblieben. Vor allem das oberste Stockwerk, in dem Essen zur wahren Kunst erhoben wird, ist fantastisch. Du kannst Kaviar von **Caviar House & Prunier** verkosten, Champagner bei **More than Champagne** nippen und erstklassigen Tee bei **Mariage Frères** kaufen.
Jungfernstieg 16–20, www.alsterhaus.de, Tel. 040 359010, Mo–Sa 10.00–20.00, So 13.00–18.00 Uhr, U-Bahn U 1, 2, 4 Jungfernstieg, 3 Rathaus, S-Bahn S 1, 2, 3 Jungfernstieg

㉒ „Es gibt sie noch, die guten Dinge" ist das Motto des Online-Qualitätswarenhauses **Manufactum**, das im Chilehaus auch offline zu besuchen ist. Alle Produkte werden auf traditionelle Weise ohne Massenproduktion angefertigt, von Handschuhen bis zum Bücherregal, vom Kuscheltier bis zu Weingläsern.
Fischertwiete 2, www.manufactum.de, Tel. 040 30087743, Mo–Sa 10.00–19.00 Uhr, U-Bahn U 1 Meßberg

(26) **Vintage & Rags** ist ein Modegeschäft voller Secondhand-Perlen aus den 1950er-Jahren bis heute. Es handelt sich meist um Einzelstücke, und die Auswahl ist gigantisch. Hier findest du garantiert etwas Schönes, egal, ob du auf romantische Petticoats stehst oder eher auf coole Baseballjacken. Neben Bekleidung und Accessoires werden auch Deko-Artikel verkauft.
Kurze Mühren 6, www.vintage-rags.de, Tel. 040 330107, Mo–Fr 11.00–20.00, Sa 10.00–20.00 Uhr, U-Bahn U 1, 2, 4 Jungfernstieg, 3 Rathaus, S-Bahn S 1, 2, 3 Jungfernstieg

(28) **Mutterland** ist eine Hommage an die traditionelle deutsche Küche: hier werden nur Produkte von kleinen deutschen Lieferanten verarbeitet. Übereinander gestapelte Kisten sind voller Delikatessen und origineller Geschenke. Im Obergeschoss des Hamburger Stammhauses befindet sich das Geschäft und die offene Schokoladenküche, in der Pralinen verkostet werden können. Im Parterre sind ein Take-Away und ein richtiges Restaurant untergebracht, wo es Frühstück, Mittag-, Abendessen und auch einen Picknickkorb-Service gibt, damit man an der Alster weiter schlemmen kann.
Ernst-Merck-Straße 9, www.mutterland.de, Tel. 040 28407978, Laden Mo–Sa 9.00–20.00 Uhr, Café Mo–Fr 7.00–20.00, Sa–So 8.00–20.00 Uhr, Restaurant Mo–Mi & So 10.00–17.00, Do–Sa 10.00–23.00 Uhr, U-Bahn U 1, 2, 3, 4 Hauptbahnhof, S-Bahn S 1, 2, 3, 11, 21, 31 Hauptbahnhof

(29) Das **Lagerhaus** ist ein Paradies für Liebhaber von einzigartigem Hausnippes, auch für Deko-Geschenke. Der Laden befindet sich in der bekanntesten Straße von St. Georg, der Langen Reihe. Hier bist du auch richtig, wenn du einen Kaffee trinken oder zum Friseur gehen willst.
Lange Reihe 27, www.lagerhaushamburg.de, Tel. 040 241416, Mo–So 11.00–19.00 Uhr, U-Bahn U 1, 2, 3, 4 Hauptbahnhof, S-Bahn S 1, 2, 3, 11, 21, 31 Hauptbahnhof

(30) **The Art of Hamburg** ist etwas für echte Hamburgfans. Kunstdrucke in limitierter Auflage, Geschirrsets, Kissen, T-Shirts, Portemonnaies und Strampler: alles, was in diesem strahlend weißen Geschäft zu haben ist, zeigt die Stadt von ihrer schönsten Seite, und alles wurde von lokalen Designern entworfen. Eine andere Filiale findest du in der Ditmar-Koel-Straße 19 im Portugiesenviertel.
Lange Reihe 48, www.the-art-of-hamburg.de, Tel. 040 41424419, Mo–Fr 12.00–18.00, Sa 11.00–19.00 Uhr, U-Bahn U 3 Landungsbrücken, S-Bahn S 1, 2, 3 Landungsbrücken

(32) **Koppel 66** bildet als „Haus für Kunst und Handwerk" schon seit rund 30 Jahren eine Gegenbewegung zur Massenindustrie. Auf den verschiedenen Etagen der ehemaligen Maschinenfabrik befinden sich Geschäfte und Ateliers. Unten im gemütlichen **Café Koppel** kannst du unter Kreativen vegetarische Snacks essen. Lange Reihe 75 (Innenhof), www.koppel66.de, Tel. 01796699864, Mo–Fr 11.00–18.00, Sa–So 11.00–16.00 Uhr, Café Mo & Mi–Fr 12.00–23.00, Sa–So 10.00–23.00 Uhr, U-Bahn U 1, 2, 3, 4 Hauptbahnhof, 1 Lohmühlenstraße, S-Bahn S 1, 2, 3, 11, 21, 31 Hauptbahnhof

FREIZEITTIPPS

(2) Nirgends gibt es so viele Galerien auf einmal wie beim **Galerierundgang Fleetinsel** in einem alten Fabrikgebäude. Unter ihnen ist die Galerie **Sfeir-Semler** mit großen Namen wie Hans Haacke und Sigmar Polke; bei **Karin Günther** weht ein frischerer Wind, und die Kunst im **Westwerk** ist eng verknüpft mit Hamburg. Admiralitätstraße 71–72, 74, www.holgerpriess.com/fleetinsel/index.htm, Di–Fr 12.00–18.00, Sa 12.00–15.00 Uhr, Eintritt frei, S-Bahn S 1, 2, 3 Stadthausbrücke

3

The best hidden spots

(3) Fast würde man daran vorbeilaufen: Zwischen den alten, stattlichen Gebäuden der Altstadt verbergen sich die **Stadthöfe**. Diese fünf versteckten Innenhöfe wurden in den letzten Jahren vollständig renoviert und haben ihren ganz eigenen Charme. Dort findest du Cafés, Läden und Ateliers. Auf der über dem Wasser gebauten Brückenarkade gibt es Infotafeln über das Hamburg von früher, während und nach den Bombardierungen des Zweiten Weltkriegs.
Eingang u. a. Neuer Wall 86 und Große Bleichen 37, www.stadthoefe.de, tgl. geöffnet, Eintritt frei, S-Bahn S 1, 2, 3 Stadthausbrücke

(35) Mach eine **Alster-Kreuzfahrt**, eine Bootsfahrt über die Alster mit Hop-on und Hop-off an neun Orten und erkunde so Hamburgs beliebtesten Zufluchtsort. Du fährst lieber selbst? Dann miete ein Segelboot oder Kanu bei einem der vielen Segelclubs entlang der Außenalster (*www.segelschule-pieper.de*). Oder mach es wie die Einheimischen und entspanne bei einem Spaziergang, einer Radtour rund um die Alster oder bei einem Picknick auf den Alsterweiden.
Atlantic-Steg (bei a.mora), www.alstertouristik.de, Tel. 040 3574240, tgl. 10.00–19.00 Uhr, Preis Tageskarte 16 €, eine Station 5 € (z. B. von a.mora bis Jungfernstieg), U-Bahn U 1, 2, 3, 4 Hauptbahnhof, S-Bahn S 1, 2, 3, 11, 21, 31 Hauptbahnhof

(36) Knipse mitten auf der **Lombardsbrücke** das ultimative Hamburg-Selfie mit der Binnenalster und der Stadt im Hintergrund. Sowohl tagsüber als auch abends ist die Aussicht grandios. Im Park unter der Brücke verbirgt sich das **Dampfboot-Wartezimmer**, das im 19. Jahrhundert als überdachte Haltestelle für die Dampfschiffe diente, die als Wassertaxis fungierten.
Lombardsbrücke, U-Bahn U 1 Stephansplatz, 2 Gänsemarkt

(39) Zieh deine schönsten Sachen an und gönn dir eine Opernaufführung in der **Hamburgischen Staatsoper**. Sie wurde im Zweiten Weltkrieg durch einen Bombenangriff zerstört, 1955 wiedereröffnet und blickt auf insgesamt 300 Jahre Musikgeschichte zurück. Hier werden die größten, besten und berühmtesten Opernproduktionen auf die Bühne gebracht. Sie beherbergt auch das weltgrößte Ballettzentrum mit u. a. einer Ballettschule und einem Internat.
Große Theaterstraße 25, www.hamburgische-staatsoper.de, Tel. 040 356868, Mo–Sa 10.00–18.30 Uhr (auch Ticketverkauf), U-Bahn U 1 Stephansplatz, 2 Gänsemarkt

ROUTE 2

HAFENCITY & SPEICHERSTADT

Ab Landungsbrücken Linie 72
→ Elbphilharmonie

INFOS ZUR ROUTE

Diese Route nimmt dich mit durch die historische Speicherstadt und die hypermoderne HafenCity. Architektur, Geschichte und Kultur stehen im Mittelpunkt. Die alten Lagerhäuser der Speicherstadt und die modernen Gebäude der HafenCity bilden einen spannenden Kontrast. Die Tour führt dich zudem an einigen der schicksten Restaurants der Stadt vorbei, wo du mit Aussicht auf den Hafen speisen kannst.

DIE VIERTEL

Der Kontrast zwischen der **HafenCity** und der **Speicherstadt** könnte kaum größer sein: moderne architektonische Glanzleistungen schießen neben historischen Lagerhäusern mit jahrhundertealter Handelsgeschichte aus dem Boden. Trotz dieses Gegensatzes verschmelzen alt und neu geradezu, und die zwei Stadtteile können gar nicht mehr ohne einander gedacht werden. Bei Einheimischen und Touristen sind sie gleichermaßen beliebt, durch ihre Wasserlage, die schönen Spazierwege, Terrassen, Museen, die urban-maritime Atmosphäre und die beeindruckende Architektur.

Die HafenCity ist die Erweiterung der Innenstadt bis ans alte Hafengebiet und als Europas größtes stadtplanerisches Entwicklungsprojekt bekannt. Die Gegend ist ständig in Veränderung begriffen, man sieht ihr förmlich beim Wachsen zu. Auf 155 Hektar entsteht eine Mischung aus Wohnen, Arbeiten, Kultur und Freizeit. Die auffälligsten Gebäude sind das Unilever-Haus, der luxuriöse Marco Polo Tower und die **Elbphilharmonie**.

Die Speicherstadt wurde zwischen 1883 und 1927 gebaut und ist der größte zusammenhängende Lagerhauskomplex der Welt. Seit Juli 2015 gehört es zum Weltkulturerbe. Die hohen Backsteingebäude mit den ausgefallenen Spitzgiebeln und Türmchen dienen bis heute als Umschlagplatz für Handelsgüter wie Kaffee, Tee, Kakao, Gewürze, Tabak, Computer und orientalische Teppiche. Die Speicherstadt ist die Hauptattraktion der beliebten **Hafenrundfahrt**, die vom Wasser aus Ausblicke auf alle Details ermöglicht. Immer mehr Unternehmen, hauptsächlich aus dem Entertainment- und Mediensektor, lassen sich hier nieder, u. a. Stage Entertainment und die Joop von den Ende Academy.

WENIG ZEIT? DAS SIND DIE HIGHLIGHTS:
FLEETSCHLÖSSCHEN + ÜBERSEEBOULEVARD + ELBPHILHARMONIE + DEICHSTRASSE + INTERNATIONALES MARITIMES MUSEUM HAMBURG

HAFENCITY & SPEICHERSTADT

1. Museum für Kunst und Gewerbe
2. Freitag
3. Deichtorhallen
4. Oberhafen-Kantine
5. Johanna Schultz
6. Hobenköök
7. denk.mal Hannoverscher Bahnhof
8. Yokohama
9. HafenCity Aussichtspunkt
10. Internationales Maritimes Museum Hamburg
11. Alte Liebe
12. PROTOTYP Automuseum
13. Dialogue House
14. Wasserschloss
15. Schönes Leben
16. Kaffeemuseum Burg
17. Fleetschlösschen
18. Überseeboulevard
19. Nissis Kunstkantine
20. Vlct
21. Magellan-Terrassen
22. coast by east
23. Klein und Kaiserlich
24. CARLS an der Elbphilharmonie
25. Elbphilharmonie
26. Speicherstadtmuseum
27. Spicy's Gewürzmuseum
28. Miniatur Wunderland
29. Speicherstadt Kaffeerösterei
30. Deichstraße
31. Kolonialwarenladen Café am Fleet
32. Ti Breizh
33. Ehemalige Hauptkirche St. Nikolai
34. Amber Café
35. Das Feuerschiff
36. Cap San Diego

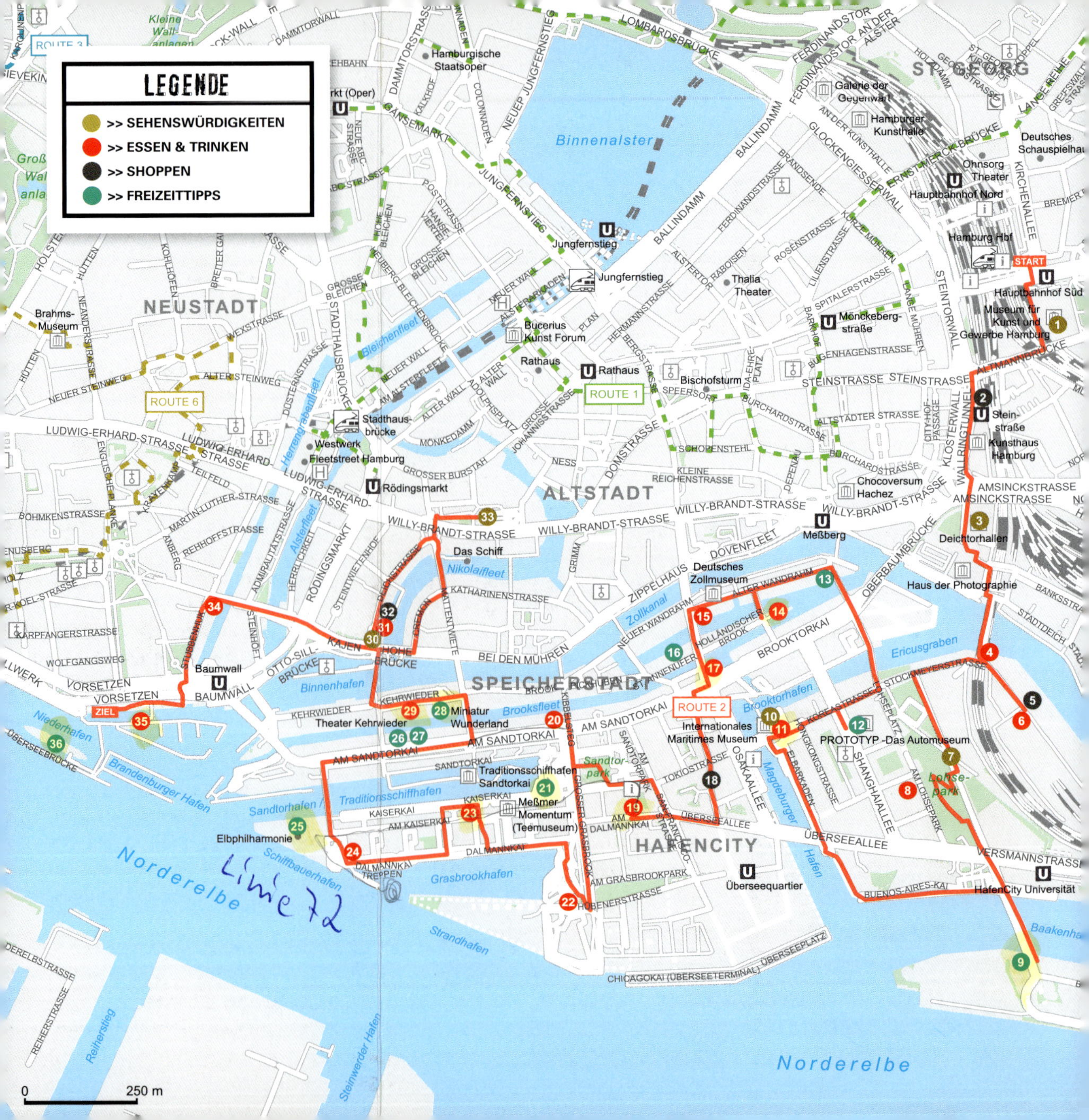

LEGENDE
>> SEHENSWÜRDIGKEITEN
>> ESSEN & TRINKEN
>> SHOPPEN
>> FREIZEITTIPPS
ROUTE 3
ROUTE 6
ROUTE 1
ROUTE 2
START
ZIEL
Binnenalster
Hamburgische Staatsoper
Jungfernstieg
Galerie der Gegenwart
Hamburger Kunsthalle
Deutsches Schauspielhaus
Ohnsorg Theater
Hauptbahnhof Nord
Hamburg Hbf
Hauptbahnhof Süd
Museum für Kunst und Gewerbe Hamburg
ST. GEORG
NEUSTADT
Brahms-Museum
Bucerius Kunst Forum
Rathaus
Thalia Theater
Mönckebergstraße
Bischofsturm
Steinstraße
Kunsthaus Hamburg
Stadthausbrücke
Westwerk
Fleetstreet Hamburg
Rödingsmarkt
ALTSTADT
Chocoversum Hachez
Meßberg
Deichtorhallen
Das Schiff
Nikolaifleet
Deutsches Zollmuseum
Haus der Photographie
Zollkanal
Ericusgraben
Baumwall
Binnenhafen
SPEICHERSTADT
Brooksfleet
Miniatur Wunderland
Theater Kehrwieder
Internationales Maritimes Museum
PROTOTYP - Das Automuseum
Brooktorhafen
Niederhafen
Brandenburger Hafen
Sandtorhafen
Traditionsschiffhafen
Traditionsschiffhafen Sandtorkai
Meßmer Momentum (Teemuseum)
Sandtorpark
Elbphilharmonie
Lohsepark
HAFENCITY
Magdeburger Hafen
Überseequartier
HafenCity Universität
Baakenhafen
Grasbrookhafen
Strandhafen
Norderelbe
Schiffbauerhafen
Reiherstieg
Steinwerder Hafen
Linie 72
0 250 m
1 2 3 4 5 6 7 8 9 10 11 12 13 14 15 16 17 18 19 20 21 22 23 24 25 26 27 28 29 30 31 32 33 34 35 36

BESCHREIBUNG ROUTE 2 (ca. 9,6 km)

Vom Hauptbahnhof Süd, Ausgang Steintordamm, geht's los, rechts am Museum 1 vorbei Richtung Altmannbrücke. Da zweigst du rechts und dann links in den Klosterwall 2 ab. Lauf Richtung Deichtorstraße bis zu den Deichtorhallen 3, bei der Buchhandlung die Treppen runter und rechts in die Altländerstraße. Überquere die Oberhafenbrücke 4 und biege links in die Stockmeyerstraße 5 6. Dreh um und folge der Straße über die Kreuzung hinaus. Besuche links den Lohsepark mit dem Denkmal 7. Zeit für einen Kaffee 8. Kreuze am anderen Ende des Parks die Überseeallee, die Baakenhafen-Brücke führt dich zu einem Aussichtsturm 9. Kehr um und spaziere links am Wasser entlang, um die Ecke und über die Elbtorpromenade 10 11. Rechts in die Koreastraße passierst du rechter Hand ein Automuseum 12, danach nimmst du links die Ericusbrücke. Geh weiter geradeaus, schieß auf der Poggenmühlebrücke ein Foto und mach an der Ecke eine Erfahrung der besonderen Art 13. Lauf weiter über den Alten Wandrahm und schau kurz in der Dienerreihe 14 vorbei. An der Ecke Bei St. Annen kannst du etwas essen 15 oder weiter rechts das Kaffeemuseum besichtigen 16 und danach über die Brücke links zu Mittag essen 17. Überquere den Brooktorkai und bummle über den Überseeboulevard, um zu shoppen 18. Zweige am Ende rechts ab, über die Kreuzung hinweg gibt's Kunst und Kaffee 19. Zurück zur Kreuzung und dann zweimal links spazierst du durch den Sandtorpark. Rechts kannst du am Kibbelsteg etwas essen 20. Schlendere dann zurück über den Großen Grasbrook und leg ein Päuschen ein 21 22. Am Strandkai biegst du scharf rechts in die Marco-Polo-Terrassen und links in den Dalmannkai. Etwa mittig geht's die Treppe hoch zu einem österreichischen Café 23 und ein Stück weiter über den Kaiserkai zurück zum Anleger, wo du die beste Aussicht auf die Elphi 24 25 hast. Lauf rechts über die Brücke und wieder rechts. Am Sandtorkai warten tolle Museen 26 27. Biege danach zweimal links auf den Kehrwieder 28 29 ab. Weiter geht's rechts über die Fußgängerbrücke und geradeaus in die Deichstraße 30 31 32. Wechsle am Ende der Straße auf die andere Seite der Willy-Brandt-Straße, um den Nikolaiturm 33 anzuschauen. Kehre über den Cremon zur Hohen Brücke zurück. Überquere Rödingsmarkt und Schaartorbrücke, beim Café 34 biegst du links in Richtung Baumwall ab. Dort kannst du lecker zu Abend essen 35 und das Museumsschiff besichtigen 36.

SEHENSWÜRDIGKEITEN

① Das **Museum für Kunst und Gewerbe** besitzt eine umfangreiche Jugendstilsammlung mit Bildern, Gravuren, Kacheln, Porzellan, Zierrat und Möbeln. Das Herzstück stellt das Pariser Zimmer dar, ein so genannter Period Room mit Möbeln von Hector Guimard, erworben auf der Pariser Weltausstellung von 1900. Außerdem im Museum zu sehen: Sammlungen von Kunstwerken aus anderen Epochen (Antike bis Gegenwart), und eine Designsammlung.
Steintorplatz 1–2, www.mkg-hamburg.de, Tel. 040 428134880, Di–Mi & Fr–So 10.00–18.00, Do 10.00–21.00 Uhr, Eintritt 12 €, U-Bahn U 1, 2, 3, 4 Hauptbahnhof, S-Bahn S 1, 2, 3, 11, 21, 31 Hauptbahnhof

③ Mit rund 5.000 qm Ausstellungsoberfläche sind die **Deichtorhallen** Europas größtes Museum für internationale moderne Kunst und Fotografie. Die zwei alten Markthallen von 1914 wurden bis 1984 noch für den Verkauf von Gemüse und Blumen genutzt. Sie wurden restauriert und bieten heute Platz für Pop-up-Ausstellungen von u. a. Gilbert & George, Kiyoshi Suzuki und Arne Jacobsen.
Deichtorstraße 1–2, www.deichtorhallen.de, Tel. 040 321030, Di–So 11.00–18.00, 1. Do im Monat bis 21.00 Uhr, Eintritt 12 €, U-Bahn U 1 Steinstraße

⑦ In diesem Park befand sich früher ein Bahnhof, von dem aus während des Zweiten Weltkriegs viele Hamburger deportiert wurden. Ein Teil der Gleise und des Bahnsteigs liegen noch hier und bilden das **denk.mal Hannoverscher Bahnhof**. Dort erfährst du mehr über diese Zeit der Stadtgeschichte.
Am Hannoverschen Bahnhof, hannoverscher-bahnhof.hamburg.de, tgl. geöffnet, Eintritt frei, U-Bahn U 4 Hafencity Universität

⑩ Dreitausend Jahre Schifffahrt auf neun Etagen: Im **Internationalen Maritimen Museum Hamburg** befinden sich zehntausende Schiffsmodelle aus Elfenbein, Silber und Gold sowie Gemälde, Dokumente und Wrackteile. Es ist die größte maritime Sammlung der Welt und das neogotische Museumsgebäude von 1878 ist das älteste Lagerhaus Hamburgs. Auch für einen Besuch mit Kindern geeignet, zum Souvenirs kaufen oder Austern essen.
Kaispeicher b, Koreastraße 1, www.internationales-maritimes-museum.de, Tel. 040 92300, tgl. 10.00–18.00 Uhr, Eintritt 15 €, U-Bahn U 4 Überseequartier

1

3
Get cultured

1

3
DEICHTORHALLEN
INTERNATIONALE KUNST
ZWEI SAMMLER
24. JUNI – 21. AUGUST 2011
THOMAS OLBRICHT UND
HARALD FALCKENBERG

(30) In der **Deichstraße** befindet sich das älteste und besterhaltene Beispiel für ein Bürgerhaus, in dem früher die reicheren Hamburger lebten. Vergiss nicht, nach oben zu schauen, die Giebel aus dem 17. und 18. Jahrhundert sind wunderschön. In der Hausnr. 25 brach am 5. Mai 1842 der Hamburger Brand aus. Südlich dieses Hauses wurden die Gebäude nicht zerstört. Zwischen Nr. 39 und 41 geht's zum Wasser mit großartiger Aussicht über das Fleet, von wo aus früher die Häuser mit Lebensmitteln versorgt wurden.

Deichstraße, U-Bahn U 3 Baumwall, Rödingsmarkt

(33) Von der **ehemaligen Hauptkirche St. Nikolai** war nach 1945 nur noch ein Turm übrig. Der versengte Nikolaiturm ist der dritthöchste Turm Deutschlands und fungiert heute als Mahnmal für die tragischen Ereignisse des Zweiten Weltkriegs. Ein gläserner Lift befördert dich auf die Aussichtsplattform in 76 Metern Höhe. Neben dem Turm informiert das Museum über die Geschichte dieser Kirche sowie über die Verheerungen des Krieges in Hamburg.

Willy-Brandt-Straße 60, www.mahnmal-st-nikolai.de, Tel. 040 371125, Mo & Mi–So 10.00–15.00 Uhr, Eintritt Museum und Turm 5 €, U-Bahn U 3 Rödingsmarkt

ESSEN & TRINKEN

④ Versteckt unter der Eisenbahnbrücke steht da auf einmal die **Oberhafen-Kantine**. Früher saßen in dem schiefen, massiven Gebäude nur Hafenarbeiter, heute ist das Publikum gemischt. Es wird zwar immer noch Hausmannskost serviert, aber verfeinert und unter der Leitung der Chefköche Tim Seidel und Sebastian Libbert. Du solltest dir hier ein richtig gutes traditionelles Abendbrot gönnen.

Stockmeyerstraße 39, www.oberhafenkantine-hamburg.de, Tel. 040 32809984, Di–Sa 12.00–22.00,So 12.00–17.30 Uhr, Preis € 13,50, Abendbrot € 29,50, U-Bahn U 1 Steinstraße, U-Bahn U 1, 2, 3, 4, S-Bahn S 1, 2, 3, 11, 21, 31 Hauptbahnhof

⑥ In der alten Markthalle **Hobenköök** bekommst du regionale und saisonale Produkte. Nach dem Einkauf kannst du dich direkt beim Restaurant im *industrial style* in die Warteschlange reihen. In der offenen Küche bereitet ein motiviertes Team überraschende und köstliche Speisen aus den Produkten der Markthalle zu.

Stockmeyerstraße 43, hobenkoeoek.de, Tel. 040 22865538, Markt Di–Sa 9.00–19.00 Uhr, Restaurant Di–Sa 9.00–23.00 Uhr, Preis 19,50 €, U-Bahn U 4 Hafencity Universität

⑧ Richtig leckeren Kaffee gibt's bei **Yokohama**. Ein schlichtes, aber gutes Café, in dem es auch leckeren Kuchen oder belegte Brötchen gibt. Oder bestell deinen Kaffee zum Mitnehmen und genieß ihn im Lohsepark direkt vor der Tür.

Yokohamastraße 10, www.yokohamacoffeebar.de, Mo–Fr 9.00–18.00, Sa–So 10.00–18.00 Uhr, Preis Kaffee 2,20 €, U-Bahn U 4 Hafencity Universität

⑪ Die **Alte Liebe** ist ein guter Ort in der HafenCity, um mittagessen oder etwas trinken zu gehen. Die zwei Terrassen befinden sich auf dem Steg und vor der Tür des Internationalen Maritimen Museums. An diesem Ort verbindet sich die Architektur der eindrucksvollen Speicherstadt und der modernen HafenCity. Auch die Speisekarte ist ein Mix aus deutscher Küche wie Bratkartoffeln und Currywurst mit Burgern und Pizza.

Kaispeicher b, Koreastraße 1, www.kaispeicher-b.hamburg/mittagstisch-hafencity, Tel. 040 45060627, Di–Fr & So 11.00–20.00, Sa 11.00–21.00 Uhr, Preis 12,50 €, U-Bahn U 4 Überseequartier

(14) Das **Wasserschloss**, ein historisches Gebäude von 1908, steht stolz und erhaben auf seinem eigenen Pier in der Speicherstadt. Es ist, von der Poggenmühlenbrücke aus, eines der meist fotografierten Orte Hamburgs. Wo früher Hafenarbeiter malochten, befinden sich heute, nach einer jüngst erfolgten Sanierung, Restaurant, Teesalon und Teeladen in modernem Kolonialstil. Es gibt 250 Teesorten zur Auswahl. Du kannst dort frühstücken oder bei einem Wein frischen Fisch oder Currywurst schlemmen (die Soßenbasis besteht aus Rooibostee).
Dienerreihe 4, www.wasserschloss.de, Tel. 040 558982640, Mi-Fr 12.00–20.00, Sa–So 10.00–20.00 Uhr, Preis € 16,50, U-Bahn U 1 Meßberg

(15) In einem der klassischen alten Gebäude mitten in der Speicherstadt findest du das Restaurant **Schönes Leben**. Ein Ort, um das schöne Leben zu genießen, so der Anspruch. Beginne hier am Wochenende den Tag mit einem herrlich ausgedehnten Frühstück. Wochentags hält der Mittagstisch täglich wechselnde Hauptgerichte und Suppen bereit. Zudem stehen regionale Gerichte wie Hamburger Pannfisch, Currywurst und Schnitzel auf der Karte.
Alter Wandrahm 15, www.schoenes-leben.com, Tel. 040 180482680, Mo–Fr 12.00–22.00, Sa–So 10.00–22.00 Uhr, Preis 21,50 €, Frühstück 11,50 €, U-Bahn U 1 Meßberg

(17) Man würde nicht darauf kommen, dass das kleine und ungezwungen eingerichtete **Fleetschlösschen** früher als Mauthäuschen und später als Mini-Feuerwache diente. Entspanntes Personal serviert einfache Gerichte wie Matjesfilet mit Kartoffelsalat oder Fischsuppe. Man kann hier auch ganz gemütlich einfach nur etwas trinken.
Brooktorkai 17, www.fleetschloesschen.de, Tel. 040 30393210, Mo–Do 11.00–19.00, Fr–Sa 11.00–21.00, So 11.00–18.00 Uhr, Preis Fischsuppe 7,50 €, U-Bahn U 3 Baumwall, 4 Überseequartier

(19) Mitten in der HafenCity befindet sich **Nissis Kunstkantine**. An deinem Kaffee nippend kannst du hier Erstlingswerke (Gemälde und Skulpturen) von Künstlern aus dem In- und Ausland bewundern. Lass dich durch das Wort „Kantine" nicht täuschen: Nissis ist sehr stylisch und modern eingerichtet. Die wöchentlich wechselnde Mittagskarte besteht, soweit möglich, aus Bio-Zutaten.
Am Dalmannkai 6, www.nissis-kunstkantine.de, Tel. 016093816783, Mo–Fr 11.00–16.00 Uhr, Preis Mittagessen 8 €, U-Bahn U 4 Überseequartier

6

4
JEVER
Ober hafen-Kan tine

14

14

(20) Die moderne norddeutsche Küche im **Vlet** ist etwas für Feinschmecker. Die Gerichte stammen aus besten Zutaten von regionalen Bauernhöfen und sehen spitze aus. Die umfangreiche Käsekarte ist sensationell. Das Vlet Kleine Küche im Erdgeschoss hält eine erschwingliche Mittagskarte bereit. Abends kannst du auch auf der Terrasse speisen, die schön auf einer der kleinen Brücken der Speicherstadt gelegen ist. Neben dem stilvoll eingerichteten Restaurant im historischen Lagerhaus hat das Vlet auch eine Dependance mit Aussicht auf die Alster (Jungfernstieg 7).

Am Sandtorkai 23–24, www.vlet-speicherstadt.de, Tel. 040 334753750, tgl. 11.00–0.00 Uhr, Preis 3-Gänge-Menü 45 €, U-Bahn U 3 Baumwall, 4 Überseequartier

(22) Das **coast by east** ist ein stylisches und beliebtes Restaurant in einem der Binnenhäfen der HafenCity. Das Gebäude ist halbrund und hat eine gläserne Front mit Aussicht auf die Elbphilharmonie. Auf der Karte steht ein Mix aus exklusivem Sushi, Meeresfrüchten und Gegrilltem. Bei schönem Wetter bietet sich die Terrasse für leckere Cocktails an.

Großer Grasbrook 14, www.coast-hamburg.de, Tel. 040 30993230, Mo–Di & So 17.00–22.00, Mi–Sa 12.00–22.00 Uhr, Preis 27 €, U-Bahn U 4 Überseequartier

(23) Das **Kaffeehaus Klein und Kaiserlich** serviert Wiener Kaffeespezialitäten wie „Kleiner Brauner" oder „Kaffee verkehrt". Das kleine Café bildet mit seiner barocken Inneneinrichtung einen schönen Kontrast zum modernen HafenCity-Gebäude, in dem es sitzt. Du kannst dort auch frühstücken, beliebt ist es vor allem für seine traditionellen Mittagsgerichte wie Weißwurst und Wiener Schnitzel.

Am Kaiserkai 26, www.k-u-k-kaffeehaus.de, Tel. 040 36122480, Mi–So 10.00–18.00 Uhr, Preis Mittagessen 10 €, U-Bahn U 3 Baumwall, 4 Überseequartier

(24) Von allen 120 Sitzplätzen im **CARLS** direkt neben der Elbphilharmonie sieht man den eindrucksvollen Hafen. Restaurant und Terrasse sind in Brasserie, Bistro und Weinbar unterteilt. Das Bistro versorgt den kleinen und schnellen Hunger, die Weinbar geht immer, und in der gemütlichen Brasserie werden norddeutsche Gerichte mit französischem Akzent serviert. Mittag- und Abendessen plus ultimatives HafenCity-Ambiente sind hier top.

Am Kaiserkai 69, www.carls-brasserie.de, Tel. 040 300322400, tgl. 12.00–23.30 Uhr, Preis 23 €, U-Bahn U 3 Baumwall, 4 Überseequartier

(29) Wegen ihrer Lage ist die **Speicherstadt Kafferösterei** sehr touristisch, dennoch ist sie eine gute Adresse für echte Speicherstadt-Atmosphäre. Im Selbstbedienungscafé wird Kaffee geröstet, und es gibt Kaffee und Kuchen, wobei du die Stärke des Kaffees selbst bestimmen kannst. Im Fabrikladen decken sich *coffee lovers* mit Kaffee für zuhause ein. In Eppendorf (Eppendorfer Baum 38) gibt's einen weiteren Ableger dieses Cafés.

Kehrwieder 5, www.speicherstadt-kaffee.de, Tel. 040 537998510, tgl. 10.00–18.00 Uhr, Preis Espresso 2,20 €, Kaffeespezialität des Tages 3,50 €, U-Bahn U 3 Baumwall

(31) **Kolonialwarenladen Café am Fleet** ist eine besondere Adresse in der Deichstraße. Zwischen altmodischen Kuchen- und Kaffeedosen machst du eine Zeitreise und isst dabei hausgemachten Kuchen. Es gibt noch andere kleine Gerichte, und es wird u. a. von Hand gemahlener Kaffee verkauft. Vom hinteren Teil des Cafés hast du eine tolle Aussicht auf das Fleet.

Deichstraße 45, insta @cafe_am_fleet, Tel. 040 371253, Mo–Fr 7.00–18.00, Sa–So 10.00–17.30 Uhr, Preis 7 €, U-Bahn U 3 Baumwall, Rödingsmarkt

(34) Eine ruhige Atmosphäre und herzliche Bedienung findest du im **Amber Café**. Hier kannst du gemütlich Kaffee und Kuchen genießen, es gibt auch Brötchen oder Smoothies. Zu empfehlen ist die täglich frisch zubereitete Suppe.

Schaarsteinwegsbrücke 2, www.ambercafe.de, Tel 040 65911777, Mo–Fr 7.00–18.00, Sa–So 8.00–18.00 Uhr, Preis Suppe 5,50 €, U-Bahn U 3 Baumwall, Rödingsmarkt

(35) Das Restaurant **Das Feuerschiff** befindet sich auf einem authentischen alten Feuerschiff. Auf der Speisekarte stehen viele traditionelle Gerichte wie Labskaus (Kartoffelgericht mit Rindfleisch und roter Beete) und Pannfisch (gebratener Fisch mit Kartoffeln und Senfsoße). Nach dem Essen kannst du in der gemütlichen Bar mit Wahnsinnsaussicht über Landungsbrücken und Elbphilharmonie noch etwas trinken. Mit etwas Glück gibt es an diesem Abend ein Jazzkonzert auf dem Schiff. Auch Übernachtungen sind möglich.

Im City Sporthafen, www.das-feuerschiff.de, Tel. 040 362553, Mo–Sa 9.00–1.00, So 9.00–23.00 Uhr, Preis 20 €, U-Bahn U 3 Baumwall

SHOPPEN

② Die angesagte Marke **Freitag** stellt Taschen aus LKW-Planen her. Neben den wohlbekannten Umhängetaschen gibt es von der Schweizer Marke auch modische Handtaschen, die locker mit z. B. einer Birkin Bag van Hermès mithalten können. Es lohnt sich schon wegen der originellen Produktpräsentation, den Flagshipstore in Hamburg zu besuchen.

Klosterwall 9, www.freitag.ch, Tel. 040 3287020, Mo–Sa 10.00–18.00 Uhr, U-Bahn U 1, 2, 3, 4 Hauptbahnhof, S-Bahn S 1, 2, 3, 11, 21, 31 Hauptbahnhof

⑤ Antiquitätensammlerin **Johanna Schultz** hat in ihrem Laden ein besonderes Vintage-Sortiment, mit dem du dein Zuhause zu dekorieren kannst. Auch wenn du nichts kaufen möchtest, lohnt sich ein Blick hinein. Es gibt schöne Schränkchen, Tafeln und Lampen sowie Dutzende von Deko-Buchstaben in allen Formen, Größen und Farben.

Stockmeyerstraße 43, www.johanna-schultz.de, Tel. 017624244297, Mi–Fr 11.00–18.30, Sa 12.00–16.00 Uhr, U-Bahn U 4 Hafencity Universität

FREITAG CLASSIC M/SLIM F14
Dexter
FREITAG

(18) Der **Überseeboulevard** ist die Einkaufsstraße der HafenCity. Dort findest du einen besonderen Mix aus exklusiven Geschäften, Cafés und Restaurants im maritimen Stil. Über die gesamte Länge des Boulevards wird eine Open-air-Ausstellung mit wechselnden Naturfotografien gezeigt. Mit Livekonzerten sowie Sport- und kulturellen Veranstaltungen ist immer mehr los auf der Straße.
Überseeboulevard, www.ueberseeboulevard.com, Mo–Sa (Gastronomie auch sonntags), U-Bahn U 4 Überseequartier

(32) Die ursprünglich französische Boutique passt wunderbar in die Hafenstadt. **Ti Breizh** („Haus der Bretagne") führt maritime Mode: von gestreiften T-Shirts über Dufflecoats aus Wolle bis hin zu warmen Pullis. Hinter dem Laden befindet sich eine Crêperie, dort gibt es herrliche süße Crêpes, herzhafte Galettes und eine tolle Terrasse am Wasser.
Deichstraße 39, www.tibreizh.de, Tel. 040 37517815, Crêperie tgl. 12.00–22.00 Uhr, Boutique Mo–Sa 11.00–20.00, So 12.00–16.00 Uhr, U-Bahn U 3 Baumwall, Rödingsmarkt

FREIZEITTIPPS

(9) Der knallorange **HafenCity Aussichtspunkt** bietet eine tolle Sicht über die sich schnell verändernde HafenCity. Von der 13 Meter hohen Stahlkonstruktion hast du einen Panoramablick von der Elbphilharmonie bis zu den Elbbrücken.
Ecke Grandeswerderstraße/Petersenkai, tgl. geöffnet, Eintritt frei, U-Bahn U 4 Hafencity Universität

(12) Das **Automuseum PROTOTYP** wurde von zwei Autosammlern gegründet, die von der Ästhetik, Form und Geschichte von Autos fasziniert sind. Das Museum zeigt als Dauerausstellung eine Auswahl an besonderen Porsches, Volkswagen und anderen Klassikern und Oldtimern. Dazu gibt es einen Porsche-Simulator, eine Audiobox mit den schönsten Motorengeräuschen und eine Windturbine, mit der die Aerodynamik von Flugzeugen zu erleben ist. Es sind außerdem immer auch wechselnde Sonderausstellungen zu sehen.
Shanghaiallee 7, www.prototyp-hamburg.de, Tel. 040 39996970, Di–So 10.00–18.00 Uhr, Eintritt 10 €, U-Bahn U 4 Hafencity Universität

⑬ Im **Dialogue House** erfährst du, wie es ist, gehörlos oder blind zu sein. Beim *Dialog im Stillen* geht es in isolierten Zimmern um Kommunikation mit Gebärden- und Körpersprache. Beim *Dialog im Dunkeln* werden in stockdunklen Zimmern Gerüche, Geräusche, Wind, Temperatur und Texturen simuliert. Deine blinde Begleitung hilft dir dabei, dass du deinen Weg unversehrt durch Park, Stadt oder Bar findest, am Ende kannst du Fragen stellen.

Alter Wandrahm 4, dialog-in-hamburg.de, Tel. 040 3096340, Mo-Fr 9.00-18.00, Sa 10.00-19.00, So 10.00-17.00, Eintritt € 13,50 (1-stündige Führung), U-Bahn U 1 Meßberg

⑯ Im **Kaffeemuseum Burg** ist Genuss Programm. Nicht ohne Grund befindet es sich im Genuss Speicher. Während eines Rundgangs lernst du alles über Kaffee und kannst die Sammlung der alten Kaffeefamilie Burg bestaunen: Die reicht von Kaffeekannen über alte Reklameposter bis hin zu exotischen Souvenirs von Kaffeeplantagen. Nach dem Rundgang ist natürlich Zeit für einen Kaffee (und Kuchen). Regelmäßig werden Verkostungen organisiert.

St. Annenufer 2, kaffeemuseum-burg.de, Tel. 040 55204258, Do–So 12.00–18.00 Uhr, Preis Führung 10 €, Führung mit Kaffee & Kuchen 15 €, U-Bahn U 1 Meßberg

㉑ Dort, wo früher Schiffe anlandeten, um ihre Ladung zu löschen, befinden sich jetzt die **Magellan-Terrassen**, auf denen heute das Gegenteil von Arbeit stattfindet. Die Treppen, auf drei Ebenen in Form eines Amphitheaters angelegt, sind ein wunderbares Plätzchen, um über den Binnenhafen zu blicken oder einfach nur zu chillen und die Sonne zu genießen. Im Sommer treten Kleinkünstler auf den Terrassen auf. Auf Infotafeln erfährst du mehr über die Geschichte dieses Orts.

Großer Grasbrook, Sandtorhafen, U-Bahn U 4 Überseequartier

㉕ Die **Elbphilharmonie** ist Hamburgs kulturelle Gallionsfigur. Mit dem Bau des Konzertgebäudes wurde schon 2007 begonnen, und das ursprüngliche Budget wurde um mehr als das Siebenfache überschritten, aber im Januar 2017 öffnete die „Elphi" dem Publikum dann endlich ihre Türen. Mit u. a. drei Konzertsälen, der öffentlichen Plaza, 45 Wohnungen, einem Restaurant und einem Hotel ist das Vorzeigeobjekt der Architekten Herzog & de Meuron ein beeindruckendes Bauwerk geworden. Fahre mit der Tube genannten Rolltreppe hoch und genieße

Feel good & enjoy

von der Plattform aus die großartige 360°-Sicht über die Stadt. Du willst mehr über die Elphi wissen? Dann melde dich zu einer Führung an. Du hast die Auswahl zwischen einer 90-minütigen Konzerthausführung durch die Konzertsäle oder der allgemeineren Plazaführung, die 45 Minuten dauert und auf die Geschichte und Architektur des Gebäudes eingeht.

Platz der deutschen Einheit, www.elbphilharmonie.de, Tel. 040 35766666, Aussichtsplattform tgl. 10.00–0.00 Uhr, Führungen siehe Website, Eintritt Aussichtsplattform frei, Preis Konzerthausführung 20 €, Plazaführung 10 €, U-Bahn U 3 Baumwall

(26) Seit 2015 gehört die Speicherstadt zum Weltkulturerbe der UNESCO. Erfahre im **Speicherstadtmuseum** mehr interessante Fakten über dieses einzigartige Lagerhausensemble und wie es damals in den Lagerhäusern zuging. Du siehst, wie Güter gehandhabt und eingelagert und welche Geräte und Maschinen dafür verwendet wurden.

Am Sandtorkai 36, speicherstadtmuseum.de, Tel. 040 321191, März–Okt. Mo–Fr 10.00–17.00, Sa–So 10.00–18.00 Uhr, Nov.–Feb. tgl. 10.00–17.00 Uhr, Eintritt 4,50 €, U-Bahn U 3 Baumwall

㉗ In einem der prächtigen Lagerhäuser der Speicherstadt befindet sich **Spicy's Gewürzmuseum**. Hier erfährst du alles über die Geschichte und die Herstellung von Gewürzen und du lernst auch, wie du sie aufbewahrst und verwendest. Aber der Besuch dieses Museums ist vor allem auch eine sinnliche Erfahrung: Es sind über 50 Gewürze vorrätig, die du riechen, anfassen und probieren kannst.

Am Sandtorkai 34, www.spiceys.de, Tel. 040 367989, tgl. 10.00–17.00 Uhr, Eintritt 5 € inkl. Pfeffertütchen, U-Bahn U 3 Baumwall

㉘ Das **Miniatur Wunderland** ist nicht umsonst eine der beliebtesten Attraktionen Hamburgs. Die größte Modelleisenbahn der Welt verzaubert dich mit kleinen Details. Alle 15 Minuten wird es innerhalb von wenigen Sekunden Nacht, und alle Lichter gehen an. Nur eine begrenzte Anzahl an Personen darf gleichzeitig hinein, das führt manchmal zu längeren Wartezeiten. Um das zu vermeiden, kannst du online für bestimmte Zeitfenster Tickets buchen.

Kehrwieder 4, www.miniatur-wunderland.com, Tel. 040 3006800, tgl. 7.00–1.00 Uhr, Eintritt 20 €, U-Bahn U 3 Baumwall

㊱ Weiß und stolz liegt das Frachtschiff **Cap San Diego** an der Überseebrücke. Es ist das größte noch fahrtüchtige Museumsschiff der Welt. Du kannst das Schiff besichtigen, dort sogar eine Kabine buchen und im Seemannsstil übernachten. Auch ein kleines Bistro ist vorhanden. Auf diesem Schiff (und auf der daneben liegenden Rickmer Rickmers) gibt es spannende Escape-Rooms, aus denen es in einer vorgegebenen Zeit zu entkommen gilt. Unbedingt vorher auf der Webseite reservieren.

Überseebrücke, www.capsandiego.de, Tel. 040 364209, tgl. 10.00–18.00 Uhr, Eintritt 7 €, Escape-Room 30 € pro Pers., U-Bahn U Baumwall

ROUTE 3

SCHANZENVIERTEL, KAROLINENVIERTEL & ROTHERBAUM

INFOS ZUR ROUTE

In Hamburgs kleinstem Stadtteil kannst du prima einen Nachmittag verbringen. Du kommst an vielen Boutiquen und Läden vorbei. Das Viertel hat zudem eine bewegte Vergangenheit, wie man an vielen Gebäuden erkennen kann. Es gibt reichlich schöne Cafés für Kaffee und Kuchen, und abends laden hier jede Menge tolle Restaurants und angesagte Bars ein, die Tour abzuschließen.

DIE VIERTEL

Die Sternschanze, besser bekannt als **Schanzenviertel** oder Schanze, ist das Ausgehviertel in Hamburg. Hier wird nicht nur gefeiert, gegessen und getrunken, es gibt auch viele ausgefallenen Läden, das Publikum ist jung, trendy und ungezwungen. Das Schulterblatt ist der Mittelpunkt des Viertels, sein Name geht auf eine ehemalige Walfängerkneipe zurück, die eine Walschulter als Aushängeschild hatte. Gegenüber der **Roten Flora** geht das Schulterblatt in die lebhafte Piazza mit ihren vielen portugiesischen Cafés über. Im Sommer findet das Leben auf der Straße statt, und halb Hamburg sitzt hier auf den Caféterrassen.

Der Name des Viertels bezieht sich auf die sternförmige Verteidigungsanlage (Schanze) von 1682, mit der das Eindringen der Dänen verhindert wurde; dort befindet sich jetzt der Sternschanzenpark. Im **Hochbunker** suchten während der Bombardements des Zweiten Weltkriegs 25.000 Menschen Schutz.

In den 1970er- und 1980er-Jahren, als Studierende die Schanze als günstige Wohngegend entdeckt hatten, prägten Protestbewegungen das Viertel, rund um die Rote Flora eskalierte es oft. Im letzten Jahrzehnt hat sich die Schanze von einem armen Viertel zum Mittelpunkt der alternativen Szene entwickelt. Trotz der zunehmenden Kommerzialisierung und Gentrifizierung hat die Schanze bis heute viel von ihrem besonderen Charakter bewahren können.

Direkt nebenan liegt das **Karolinenviertel**. Die Stadtteile sind durch das ehemalige Schlachthofgelände miteinander verbunden, auf dem samstags ein Flohmarkt stattfindet. Die Marktstraße ist voller Läden mit jungen Kreativen.

Rotherbaum war in den 1920er-Jahren das Zentrum der jüdischen Gemeinde. Es gibt noch einige Cafés mit jüdischen Inhabern, ein jüdisches Theater und eine Synagoge. Durch die Nähe zur Universität ist es das Studentenviertel. Auf dem Allendeplatz tummeln sich immer viele Studierende und Anwohner.

WENIG ZEIT? DAS SIND DIE HIGHLIGHTS:

PLANTEN UN BLOMEN + SCHANZENFLOHMARKT + ROTE FLORA + SHOPPEN IN DER MARKTSTRASSE + GRINDELHOF ZUM KAFFEETRINKEN UND ABENDESSEN

TIPPS

// Nicht verpassen, wenn du gern shoppen gehst
// Mittags hin und den Tag in einer Bar ausklingen lassen
// Für Fans von Street-Art und alternativem Ambiente

SCHANZENVIERTEL, KAROLINENVIERTEL & ROTHERBAUM

1 Second Schanze
2 Weidenkantine
3 Jimmy Elsass
4 Witwenball
5 WEIDE
6 Katzentempel
7 Abaton / Abaton-Bistro
8 Pony Bar
9 Café Leonar
10 Planten un Blomen
11 Koch Kontor
12 XeÔm
13 Café Klatsch
14 Café Panther
15 Hochbunker
16 Rotkäppchen Designs
17 Lockengelöt
18 Elternhaus
19 Hot Dogs
20 Hanseplatte
21 Fotoautomat
22 Schanzenflohmarkt
23 Wohnkultur 66
24 Zoë Sofabar
25 Kauf Dich Glücklich
26 Erika's Eck
27 Altes Mädchen
28 Bullerei
29 Antikhandel Hamburg
30 Jill
31 GoldFischGlas
32 Herr Max
33 Wie es Euch gefällt
34 Rote Flora
35 Kilimanschanzo
36 Central Park
37 Human Empire Shop
38 Gloria

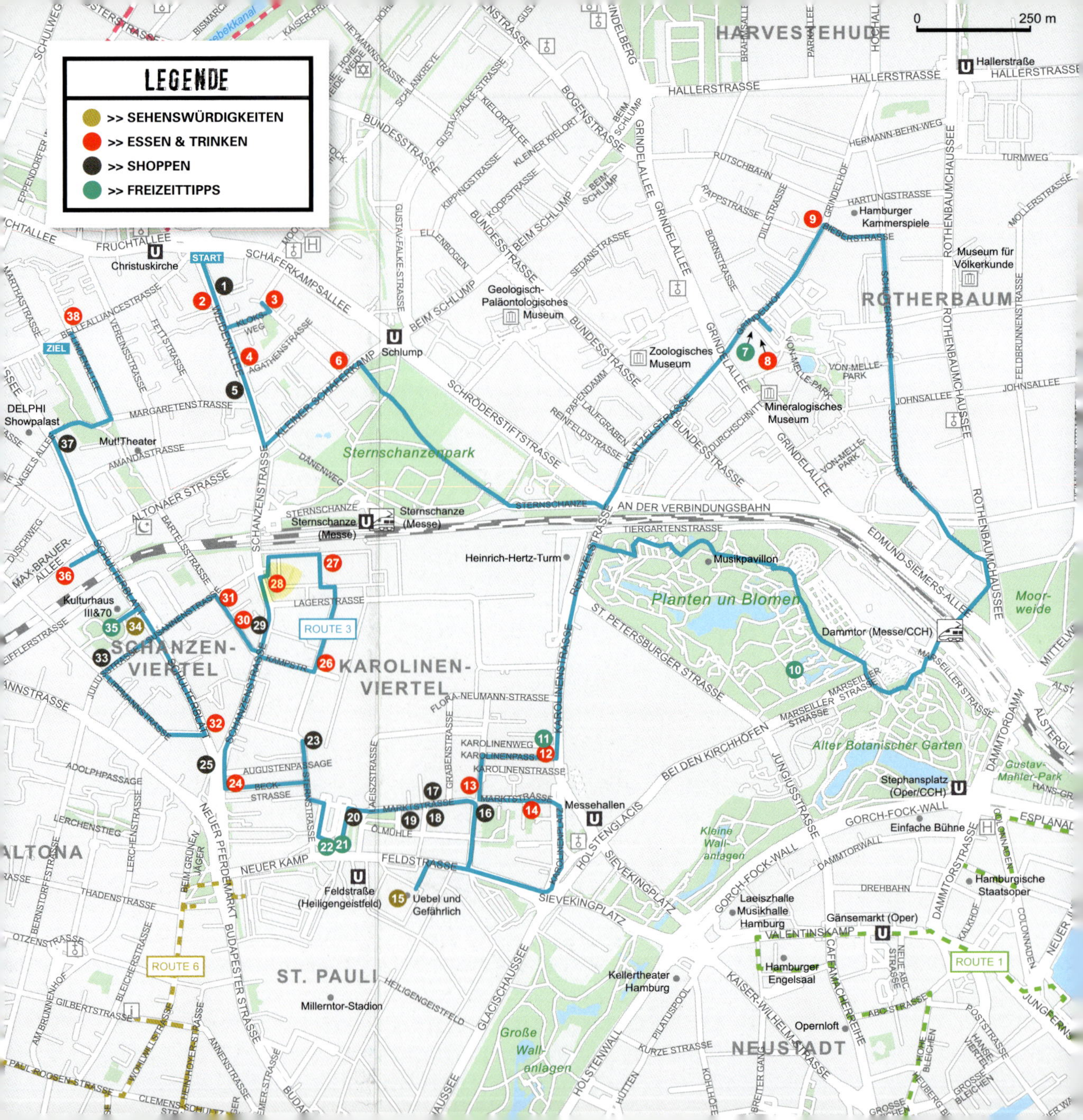

LEGENDE
>> SEHENSWÜRDIGKEITEN
>> ESSEN & TRINKEN
>> SHOPPEN
>> FREIZEITTIPPS
0
250 m
HARVESTEHUDE
ROTHERBAUM
SCHANZEN-VIERTEL
KAROLINEN-VIERTEL
ALTONA
ST. PAULI
NEUSTADT
START
ZIEL
ROUTE 3
ROUTE 6
ROUTE 1
Christuskirche
Schlump
Hallerstraße
Hamburger Kammerspiele
Museum für Völkerkunde
Geologisch-Paläontologisches Museum
Zoologisches Museum
Mineralogisches Museum
DELPHI Showpalast
Mut!Theater
Sternschanzenpark
Sternschanze (Messe)
Heinrich-Hertz-Turm
Musikpavillon
Planten un Blomen
Dammtor (Messe/CCH)
Moorweide
Kulturhaus III&70
Alter Botanischer Garten
Stephansplatz (Oper/CCH)
Gustav-Mahler-Park
Messehallen
Einfache Bühne
Hamburgische Staatsoper
Kleine Wallanlagen
Feldstraße (Heiligengeistfeld)
Uebel und Gefährlich
Laeiszhalle Musikhalle Hamburg
Gänsemarkt (Oper)
Hamburger Engelsaal
Kellertheater Hamburg
Opernloft
Millerntor-Stadion
Große Wallanlagen
HALLERSTRASSE
SCHÄFERKAMPSALLEE
FRUCHTALLEE
WEIDENALLEE
KLEINER SCHÄFERKAMP
SCHANZENSTRASSE
BELLEALLIANCESTRASSE
MARGARETENSTRASSE
AMANDASTRASSE
ALTONAER STRASSE
MAX-BRAUER-ALLEE
SCHULTERBLATT
LAGERSTRASSE
KAROLINENSTRASSE
MARKTSTRASSE
FELDSTRASSE
NEUER KAMP
BUDAPESTER STRASSE
NEUER PFERDEMARKT
BUNDESSTRASSE
GRINDELALLEE
GRINDELHOF
BIEBERSTRASSE
SCHLÜTERSTRASSE
ROTHENBAUMCHAUSSEE
EDMUND-SIEMERS-ALLEE
AN DER VERBINDUNGSBAHN
TIERGARTENSTRASSE
ST. PETERSBURGER STRASSE
MARSEILLER STRASSE
RENTZELSTRASSE
BEI DEN KIRCHHÖFEN
GORCH-FOCK-WALL
HOLSTENGLACIS
SIEVEKINGPLATZ
GLACISCHAUSSEE
DAMMTORDAMM
VALENTINSKAMP
KAISER-WILHELM-STRASSE

BESCHREIBUNG ROUTE 3 (ca. 10,6 km)

Von der U-Bahnstation Christuskirche geht's in die Weidenallee 1 2. Links durch den Kloksweg kommst du zur Schäferstraße, wo du abends den leckersten Flammkuchen bekommst 3. Folge weiter der Weidenallee 4 5. Zweige links in den Kleinen Schäferkamp 6 und kurz vor der großen Kreuzung rechts in den Park ab, den du geradeaus an den alten Wassertürmen vorbei durchquerst. Biege links auf den Rad- und Fußweg ab und nochmal links in die Rentzelstraße. Jenseits der Grindelallee kannst du am Grindelhof einen Film 7 schauen oder etwas trinken 8 9. Dann läufst du rechts in die Bieberstraße, rechts in die Schlüterstraße, an der Uni vorbei und über die Edmund-Siemers-Allee. Spaziere durch den schönsten Park der Stadt 10 und biege dann links zur Karolinenstraße ab 11 12. Rechts geht's durch die Karolinenpassage, von da aus wieder links in die Glashüttenstraße. Gönn dir hier ein Frühstück 13 oder zweige links in die Marktstraße ab 14. Am Ende rechts über den kleinen Platz, dann wieder rechts in die Feldstraße gibt es einen Bunker zu besichtigen 15. Ein Stückchen zurück, links wieder in die Glashüttenstraße 16 und nochmal links kannst du in der Marktstraße 17 18 19 shoppen. Weiter geht's durch die Schlachthofpassage 20, mach dort lustige Fotos 21 oder bummle samstags über den Flohmarkt 22. Rechts in der Sternstraße findest du skandinavisches Design 23. Kehr um und nimm rechts die Beckstraße und halte dich am Ende 24 rechts Richtung Schanzenstraße 25. Biege rechts in die Kampstraße ab und bei Erika's Eck 26 links wieder in die Sternstraße. Am Ende querst du die Lagerstraße und gelangst zum alten Schlachthofgelände, wo du rechts besonderes Bier trinken 27 oder weiter durch die Hallen bis zur Front vorlaufen kannst 28. Dort geht's die Treppe hinab und links wieder auf die Schanzenstraße 29. Zweige an der ersten Kreuzung rechts in die Bartelstraße ab 30 31, dann links in die Susannenstraße. Auf dem Schulterblatt schlenderst du links weiter 32, dann rechts in die Lerchenstraße und wieder rechts in die Lippmannstraße. Rechts in die Juliusstraße 33 und links ins Schulterblatt kommst du an der Roten Flora vorbei 34. Im Florapark kannst du klettern 35 oder du folgst der Route weiter über das Schulterblatt. Ruh dich in einem Liegestuhl aus 36 oder überquere die Max-Brauer-Allee, wo du besondere Wohnaccessoires bekommst 37. Durchquere den Park zur Lindenallee, dort gehst du links und kommst bei Gloria 38 raus.

SEHENSWÜRDIGKEITEN

⑮ Der martialisch aussehende **Hochbunker** wurde im Zweiten Weltkrieg von den Nationalsozialisten gebaut. Die Architekten proklamierten ihn als unzerstörbar, was dann auch stimmte. Das riesige Bauwerk beherbergt heute u. a. ein Musikgeschäft, ein Studio, einen Club und ein Loungecafé. Der Bunker wird vollständig renoviert und zukünftig im Zeichen der Hamburger kreativen Szene stehen; auf dem über 40 Meter hohen Dach wird ein Stadtpark angelegt.
Feldstraße 66, www.hamburg.de/sehenswuerdigkeiten-erlebnis/10445612/bunkerfeldstraße, tgl. geöffnet, Eintritt frei, U-Bahn U 3 Feldstraße

㉞ Die umstrittene **Rote Flora** ist ein altes Theater, das 1989 besetzt wurde. Seitdem ist es das Zentrum der links-alternativen Bewegung in Hamburg. 2001 verkaufte die Stadt das historische Gebäude an einen Investor. Bis heute kämpfen Anhänger der Szene um den Erhalt ihres kulturellen und politischen Begegnungszentrums, und es gibt regelmäßig Demos. Du kannst die Rote Flora von innen anschauen, wenn du rechter Hand durch die Tür gehst.
Schulterblatt 71, www.rote-flora.de, tgl. geöffnet, Eintritt frei, U-Bahn U 3 Sternschanze, S-Bahn S 11, 21, 31 Sternschanze

ESSEN & TRINKEN

② Die **Weidenkantine** wurde von den jungen Klipp-Schwestern gegründet. Zora ist Köchin, hat ein Kochbuch herausgebracht und ist regelmäßig im TV zu sehen. Ihre Schwester Ronja ist das Hirn und die Planerin hinter ihrem gemeinsamen Traum. Neben leckerem Kaffee und Belegtem gibt es jede Woche wechselnde Mittagsgerichte (Fleisch, veggie und vegan). Am Wochenende bekommst du hier gutes Frühstück mit Bagels und Pancakes.
Weidenallee 61, weidenkantine.de, Tel. 040 71628805, Di–Fr 12.00–17.00, Sa–So 10.00–17.00 Uhr, Preis Mittagessen 9 €, U-Bahn U 2 Christuskirche

③ Im **Jimmy Elsass** verbringst du garantiert einen gemütlichen Abend. Bei entspannter Atmosphäre und einem Hauch 1970er-Jahre bekommst du dort den leckersten Flammkuchen der Stadt – ohne Besteck, dafür mit Pizza-

Urban Exploring

30

6

27
Bestellen hier
BITTE HIER BESTELLEN
ALTES MÄDCHEN
BRAUGASTHAUS

3

3

27
RATSHERRN
RATSHERRN
ALTES MÄDCHEN

schneider. Im Sommer kannst du prima draußen auf Baumstämmen oder an Holztischen sitzen.

Schäferstraße 26, fb @elsassjimmy, Tel. 040 44195965, tgl. 18.00–1.00 Uhr, Preis Flammkuchen 10 €, U-Bahn U 2 Christuskirche

④ Bis in die 1980er-Jahre befand sich hier das beliebte Tanzlokal Elfriedes Witwenball. Das Restaurant **Witwenball** lässt den Namen wieder aufleben, und zwar mit Stil. Auf hohem Niveau wird mit saisonalen Zutaten gekocht, die beeindruckende Weinkarte umfasst 150 verschiedene Weine von überwiegend jungen deutschen Winzern. Ein Muss für Feinschmecker und Weinliebhaber.

Weidenallee 20, www.witwenball.com, Tel. 040 53630085, Mi–Sa 18.00–1.00, So 17.00–0.00 Uhr, Preis 3-Gänge-Menü 44 €, U-Bahn U 2 Christuskirche

⑥ Auf zum ersten Katzencafé Hamburgs! Die sechs Katzen wurden aus einem Tierheim gerettet und genießen viel Aufmerksamkeit, wobei sie sich immer auch in ihre eigenen Katzenräume zurückziehen können. Dem **Katzentempel** ist es ein Anliegen, aufs Tierwohl aufmerksam zu machen. Deswegen sind auch alle Speisen und Getränke vegan. Tipp: das Katerfrühstück für den harten Morgen nach einer durchfeierten Nacht, das den ganzen Tag serviert wird.

Kleiner Schäferkamp 24, www.katzentempel.de, Tel. 040 18294891, Di–Fr 11.30–18.00, Sa 10.00–20.00, So 10.00–18.00 Uhr, Preis Kuchen 4,50 €, U-Bahn U 2, 3 Schlump

⑧ Tagsüber ist die **Pony Bar** ein Studentencafé mit 70er-Jahre Wohnzimmerambiente, wo du Frühstück, Kaffee und Suppe bekommst. Abends trinkt, quatscht und flirtet hier ein gemischteres Publikum. Oft legen DJs auf, es finden Ausstellungen und Poetryslams und jeden Mittwoch Live-Jazzsessions statt.

Allende-Platz 1, www.ponybar.de, Tel. 040 87090417, Mo–Fr ab 10.00, Sa–So ab 12.00, Preis Bier 2,50 €, U-Bahn U 1 Hallerstraße

⑨ Hier gibt es den besten Kaffee der Stadt, der Kuchen ist unwiderstehlich, aber das moderne **Café Leonar** hat noch mehr zu bieten. Den jüdischen Hintergrund erkennst du am Bücherregal und der multikulturellen Speisekarte. Koste mal ein *Shakshuka* und geselle dich zu Künstlern und Schriftstellern.

Grindelhof 59, www.cafeleonar.de, Tel. 040 41353011, Mo–Sa 9.00–21.00, So 9.00–18.00 Uhr, Preis Shakshuka 6,80 €, U-Bahn U 1 Hallerstraße

(12) Im Souterrain von **XeÔm** erlebst du ein Stück Vietnam. Auf dem Weg zu den niedrigen Tischchen kommst du an der offenen Küche vorbei, wo die Familie für dich kocht. Sie servieren hier traditionelle vietnamesische Familiengerichte, wie sie es von Oma gelernt haben. Im Sommer öffnet diese angesagte Streetfood-Bar auch eine Terrasse vor der Tür.
Karolinenstraße 25, Tel. 040 18138263, Mo–Sa 12.00–22.00, So 14.00–22.00 Uhr, Preis 9 €, U-Bahn U 2 Messehallen

(13) **Café Klatsch** ist der Inbegriff von Hamburg: Hier kannst du den ganzen Tag Frühstück ordern, das du dir selbst zusammenstellen kannst. Es gibt eine große Auswahl an Käse und Wurst, Salataufstrichen, Eiern, die auf unterschiedlichste Weise zubereitet werden, und noch mehr. Lieber Croque oder Salat? Auch das bietet die Speisekarte. Die kitschige Einrichtung ist etwas in die Jahre gekommen, aber gemütlich. In dem kleinen Garten hinter dem Café stehen drei Tische, da solltest du am Wochenende unbedingt reservieren, ebenso wie für den einzigen etwas größeren Tisch für 4–6 Personen drinnen.
Glashüttenstr. 17, www.cafe-klatsch-hamburg.de, Tel. 040 4390443, tgl. 10.00–20.00 Uhr, Preis Frühstück 5,70 €, U-Bahn U 2 Messehallen, 3 Feldstraße

(14) „Nein, wir haben kein WLAN... Redet miteinander!" ist das Motto im **Café Panther**. Dies ist der perfekte Ort für einen Milchkaffee und dazu was Süßes, aber du bekommst hier auch Pasta, Paninis und Salate, alles bio und sehr lecker. Im vorderen Teil des angesagten Cafés fallen die Fitnessgeräte auf, die als Sitzgelegenheiten dienen.
Marktstraße 3, www.dezmartenpanther.de, Tel. 040 436218, Mo&So 9.00-19.00, Di–Sa 9.00–22.00 Uhr, Preis 6 €, U-Bahn U 2 Messehallen, 3 Feldstraße

(24) Niemand weiß so recht, wie diese Bars eigentlich heißen: Zoë 2, Zoë 3, Sub oder doch **Zoë Sofabar**. Dafür ist deutlich zu sehen, dass in den zwei Locations auf beiden Seiten der Beckstraße viele Sofas stehen, auf die du dich mit einem Astra oder Wodka-Ahoi plumpsen lassen kannst. Es ist immer was los und immer nett.
Neuer Pferdemarkt 17, 19, www.zoebar.de, Mo–Do 15.00–1.00, Fr 15.00–3.00, Sa 12.00–3.00, So 12.00–1.00 Uhr, Preis Bier € 3, Cocktail € 8, U-Bahn U 3 Feldstraße, Sternschanze, S-Bahn S 11, 21, 31 Sternschanze

㉖ **Erika's Eck** ist weit über Hamburgs Grenzen hinaus bekannt. Dank der unüblichen Öffnungszeiten siehst du hier morgens früh Taxifahrer und Nachteulen frühstücken (belegtes halbes Brötchen 1,30 €). Zu normaleren Zeiten locken vor allem die 250-Gramm-Schnitzel die Besucher in diese traditionelle Kneipe.
Sternstraße 98, www.erikas-eck.de, Tel. 040 433545, Mo–Fr 6.00–22.00, Sa–So 17.00–22.00 Uhr, Preis Schnitzel 12,90 €, U-Bahn U 3 Feldstraße, Sternschanze, S-Bahn S 11, 21, 31 Sternschanze

㉗ **Altes Mädchen** ist das moderne Braugasthaus der angrenzenden Ratsherrn Brauerei. Auf der Speisekarte stehen eigene Versionen von regionalen Klassikern sowie viele Speisen mit Brot, das im eigenen Holzofen gebacken wird. Die Bierkarte umfasst 60 Sorten; für einen guten Start sorgt das Tasting Tray mit fünf verschiedenen Bieren in Dezilitergläsern. Es gibt gemütliche Nischen, große Tische, eine Ecke mit offenem Kamin und eine große Terrasse.
Lagerstraße 28b, www.altes-maedchen.com, Tel. 040 800077750, Mo–Sa 12.00–23.00, So 12.00–22.00 Uhr, Preis Burger 13 €, U-Bahn U 3 Sternschanze, S-Bahn S 11, 21, 31 Sternschanze

8

34
SKANDALØS
FESTIVAL
Jochen Rausch
Rausch
Storys
eat beat
Nutia
Ratkat
Bobbie
Momo
Kristallar
Malix
23.07.
11 JUNI 2011

(28) Das Restaurant **Bullerei** von TV-Koch Tim Mälzer befindet sich in einem spektakulär renovierten alten Schlachthof im Herzen der Schanze. Industrie- trifft auf Shabby Chic, mit Tischen von Piet Hein Eek und bunten Kunstwerken. Die moderne deutsche Küche mit südeuropäischen Einflüssen hat genauso viel Charme wie die Einrichtung. Lass dich vom 3-Gänge-Menü überraschen, das der Koch zusammenstellt. Tagsüber ist das Deli im vorderen Teil für Mittagstisch geöffnet, Reservierungen sind dort nicht möglich.
Lagerstraße 34b, www.bullerei.com, Tel. 040 33442110, Deli ab 11.00 Uhr, Restaurant ab 18.00 Uhr, Preis 3-Gänge-Menü 44 €, U-Bahn U 3 Sternschanze, S-Bahn S 11, 21, 31 Sternschanze

(30) Bei **Jill** isst du die beste neapolitanische Pizza von ganz Hamburg, davon ist die Inhaberin Jill überzeugt. In ihrem gemütlichen Restaurant wirst du herzlich empfangen. Die Zutaten kommen aus dem Umland oder direkt aus Italien, und du bezahlst einen ehrlichen Preis für dein Essen.
Bartelstraße 12, www.jill.hamburg, Tel. 040 65040500, Mo–Do & So 12.00–21.30, Sa 12.00–22.00 Uhr, Preis Pizza 10 €, U-Bahn U 3 Sternschanze, S-Bahn S 11, 21, 31 Sternschanze

(31) **GoldFischGlas** ist die Bar, um in die Hamburger Nacht zu starten. Hier gibt es jeden Abend Happy Hour (bis 22 Uhr) mit Cocktails und Bier. Außerdem kannst du dich beim Kickern mit den anderen messen. Ist drinnen alles voll? Dann hol dir ein Getränk am Tresen und geselle dich draußen zu den Stammgästen. Später am Abend öffnen auch die Türen des Clubs im Keller.
Bartelsstraße 30, goldfischglas.de, Tel. 040 5643665, Mo–Sa 14.00–4.00, So 14.00–0.00 Uhr, Preis Bier 3 €, Happy Hour Cocktail 4,50 €, U-Bahn U 3 Sternschanze, S-Bahn S 11, 21, 31 Sternschanze

(32) In der Schanze ist **Herr Max** bei den Anwohnern die beliebteste Location für Kaffee und Kuchen. Da ist immer was los, was oft zu einer langen Warteschlange vor dem Selbstbedienungscafé führt, in der es die leckersten Kuchen gibt. Die Jugendstilfliesen stammen noch aus der Zeit, als das Café eine Fleischerei war.
Schulterblatt 12, www.herrmax.de, Tel. 040 69219951, Mo–Do 11.00–17.00, Fr–So 11.00–18.00 Uhr, Preis Kuchen 3 €, U-Bahn U 3 Sternschanze, S-Bahn S 11, 21, 31 Sternschanze

(36) **Central Park** ist ein Stück Strand mitten in der Stadt. Auch wenn es nicht am Meer liegt, spürst du direkt die entspannte Atmosphäre, wenn du die Lounge-Musik hörst und die Picknicktische und Liegestühle im Sand siehst. Der Ort lädt zum gechillten Umtrunk ein, es gibt auch verschiedene Snacks und Gegrilltes. Ohne Sonne geht nichts, es ist nur bei schönem Wetter geöffnet.
Max-Brauer-Allee 230, www.centralpark-hamburg.de, bei schönem Wetter Mo–Do 13.00–23.00, Fr 13.00–0.00, Sa 11.00–0.00, So 11.00–23.00 Uhr, Preis Snack 3 €, Grill 10,50 €, U-Bahn U 3 Sternschanze, S-Bahn S 11, 21, 31 Sternschanze, Holstenstraße

(38) Das **Gloria** hat viel zu bieten: eine tolle Lage etwas außerhalb des trubeligen Schanzenviertels, eine kleine, aber feine Terrasse, unterschiedlich eingerichtete Räume, und abends ist immer was los. Die Abendkarte besteht aus einfachen Pastagerichten und Salaten, aber es gibt auch Couscous, gebackenen Fisch und Steinofenpizza. Der perfekte Ort, um in den Abend zu starten!
Bellealliancestraße 31–33, www.gloriabar.de, Tel. 040 43290464, tgl. ab 15.00 Uhr, Preis 9 €, U-Bahn U 2 Christuskirche

SHOPPEN

(1) Bei **Second Schanze** gibt es schöne Vintage-Kleidung, Tassen und Schuhe in guter Qualität. Neben Hamburger Labeln findest du dort auch Marken wie Stella McCartney und True Religion. Hier lässt es sich gut stöbern, wer weiß, vielleicht findest du ja die eine Jacke oder den einen Rock, die du schon ewig suchst.
Weidenallee 54, www.secondschanze.de, insta @second_schanze, Tel. 040 41466860, Di–Fr 11.00–19.00, Sa 11.00–16.00 Uhr, U-Bahn U 2 Christuskirche

(5) Ein schönes Zuhause ist voller Kontraste, sind sie bei **WEIDE** überzeugt, und hier findest du die nötige Inspiration, um dein eigenes Haus entsprechend einzurichten. Neben Mobiliar (z. T. gebraucht), Pflanzen, schönem Nippes und Geschenken kannst du im Atelier deinen eigenen Lampenschirm entwerfen lassen. Nebenan haben die Inhaberinnen mittlerweile das WEIDE Mode eröffnet.
Weidenallee 23, www.weide-hamburg.de, Tel. 040 28781227, Di–Fr 12.00–19.00, Sa 11.00–16.00 Uhr, U-Bahn U 2 Christuskirche, 3 Sternschanze, S-Bahn S 11, 21, 31 Sternschanze

(16) Auch wenn du weder Hut noch Mütze nach deinem Geschmack findest, bist du im **Rotkäppchen Designs** sofort gut drauf. Der Laden hängt voll mit bunten Kopfbedeckungen und frivoler Deko, die allesamt von der Hutmacherin Ursula Anna Machalett entworfen wurden.

Glashüttenstraße 102, www.rotkaeppchen-designs.de, Tel. 040 88145364, Mo–Fr 12.00–19.00, Sa 11.00–18.00 Uhr, U-Bahn U 3 Feldstraße

(17) Die Designermarke **Lockengelöt** steht für Upcycling auf hohem Niveau. Gebrauchte Gegenstände bekommen einen neuen Schliff mit völlig anderen Funktionen verpasst. In ihrem Geschäft bekommst du die originellen Resultate zu sehen, z. B. eine zur Lampe umgebaute Waschmaschinentrommel und eine aus einer LP gemachte Obstschale.

Marktstraße 114, www.lockengeloet.com, Tel. 040 89001326, Mo–Fr 12.00–15.00, Sa 12.00–18.00 Uhr, U-Bahn U 3 Feldstraße

(18) Die Leute vom **Elternhaus** bezeichnen sich selbst als schwer erziehbare Künstlerfamilie, und das, was sie machen, ist nicht nur Mode. Sie drucken ihre

37

20
Ahoi Marie
Ahoi Marie

5
NEA MACHINA
DIE
KREATIV
SCHINE
Das Buch der Nächte
Das Buch der Nächte

Haltung auf Kleidung, und die Person, die sie trägt, macht den Rest – die Straße ist ihr Ausstellungsraum. Der Laden selbst sieht mit den Holzdielen und antiken Möbeln ein wenig wie eine Jagdhütte aus. Wenn du deinen urbanen Guerrilla-Look aufpeppen möchtest, gibt's hier auch Schmuck zu kaufen, z. B. eine Kette mit einer silbernen Handgranate.

Marktstraße 29, www.elternhaus.com, Tel. 040 4308830, Mo–Fr 12.00–19.00, Sa 11.00–18.00 Uhr, U-Bahn U 3 Feldstraße

(19) Noah Jurecky kommt kein retro in seinen Laden: **Hot Dogs** führt ausschließlich Originale. Der Laden ist überwiegend vollgestopft mit Sportkleidung aus den 1970er und 1980er-Jahren, von Trainingsjacken über Schweißbänder bis zu Turnanzügen und Sportschuhen, manche sogar mit Sammlerwert. Außerdem gibt's tolle Lederstiefel und das fantastische Label Zirkeltraining, das Dinge aus alten Turnmatten und dem Leder von Sportgeräten herstellt.

Marktstraße 38, fb @hotdogshamburg, Tel. 040 43274157, Mo–Fr 10.30–19.30, Sa 10.00–19.00 Uhr, U-Bahn U 3 Feldstraße

(20) Das gesamte Sortiment des Plattenladens **Hanseplatte** ist *made in Hamburg*. Der Laden grenzt an das Schlachthofgelände an und verkauft nicht nur Musik, sondern auch Poster, Karten, Tassen, T-Shirts, Geschirr und lustigen Nippes

Neuer Kamp 32, www.hanseplatte.de, Tel. 040 28570193, Mo–Sa 12.00–18.00 Uhr, U-Bahn U 3 Feldstraße

(23) Im historischen Schlachthofgebäude verkauft **Wohnkultur 66** klassisch skandinavisches Design aus dem 20. Jahrhundert. In Deutschland vertreiben sie exklusiv die Möbel des dänischen Designers Finn Juhl. Außerdem führen sie Möbel von u. a. Alvar Aalto, Børge Mogensen und Poul Kjærholm. Zu empfehlen für Liebhaber von Innendesign.

Sternstraße 66, www.wohnkultur66.de, Tel. 040 436002, Di–Fr 12.00–18.00, Sa 12.00–16.00 Uhr, U-Bahn U 3 Feldstraße, Sternschanze, S-Bahn S 11, 21, 31 Sternschanze

(25) Macht Mode glücklich? **Kauf Dich Glücklich** ist davon überzeugt. Der beliebte Laden in einem geräumigen, hellen Eckhaus hält eine Sitzecke für müde Shopper oder wartende Begleitung sowie ein großes Outlet im Untergeschoss für die echten Schnäppchenjäger bereit. Es gibt Klamotten und Accessoires für sie und ihn

sowie eine Auswahl an Möbeln und Inneneinrichtungsgegenständen. Von Kauf Dich Glücklich gibt es noch mehr Filialen (u. a. Susannenstr. 4, Jungfernstieg 51).
Schulterblatt 1, www.kaufdichgluecklich-shop.de, Tel. 040 44465662, Mo–Sa 11.00–20.00 Uhr, U-Bahn U 3 Feldstraße, Sternschanze, S-Bahn S 11, 21, 31 Sternschanze

(29) **Antikhandel Hamburg** steht voll mit Dingen aus vergangenen Jahrhunderten: Möbel, Lampen, Juwelen, Fotorahmen, Porzellan, Spielsachen, Volkskunst, Glaswaren … alles echte Antiquitäten! Durch das Geschäft zu laufen, gleicht fast einer Expedition und macht ungemein Spaß. Achtung, nicht auf den Hund treten!
Schanzenstraße 69, www.antikhandel-hamburg.de, Tel. 040 43253852, Mo 14.00–19.00, Di–Fr 13.00–19.00, Sa 12.00–17.00 Uhr, U-Bahn U 3 Sternschanze, S-Bahn S 11, 21, 31 Sternschanze

(33) **Wie es Euch gefällt** führt individualistische Frauenmode für das große oder kleinere Portemonnaie. Die spannende, romantische Kleidung stammt von Designern aus u. a. Deutschland, Dänemark und Schweden. Außerdem gibt es noch feinen Schmuck,Tassen, Keramik und mehr.
Juliusstraße 16, wieeseuchgefaellt.de, Tel. 040 51909977, Mo–Fr 11.00–19.00, Sa 11.00–18.00 Uhr, U-Bahn U 3 Sternschanze, S-Bahn S 11, 21, 31 Sternschanze

(37) Der **Human Empire Shop** hat Dinge im Angebot, die dein Leben verschönern oder einfacher machen. Du findest hier schöne Poster und Wohnaccessoires, Spielzeug, Ansichtskarten, Keramik und Mode im skandinavischen Stil.
Schulterblatt 132, www.humanempireshop.com, Tel. 040 22626811, Mo–Fr 11.30–18.30, Sa 11.00–18.00 Uhr, U-Bahn U 3 Sternschanze, S-Bahn S 11, 21, 31 Sternschanze

FREIZEITTIPPS

(7) Das **Abaton** ist eins der wenigen Kinos in Hamburg, die Filme in Originalfassung mit Untertiteln (OmU) zeigen. Die Säle sind klein, und nach den Filmen geht es an der Bar oft noch vergnüglich zu. Neben dem Kino direkt an der Ecke kannst du auch im **Abaton-Bistro** speisen.
Allendeplatz 3, www.abaton.de, Tel. 040 41320320, Mo–Fr ab 14.30, Sa ab 12.30, So ab 10.30 Uhr, Eintritt Kino 8,50 €, U-Bahn U 1 Hallerstraße

⑩ **Planten un Blomen** ist einer der schönsten Parks Hamburgs – mitten in der Stadt. Du kannst hier wunderbar zwischen den liebevoll angelegten Blumenwiesen, Teichen und Terrassen entspannen. Es gibt u. a. einen botanischen Garten, einen Rosengarten und einen authentischen japanischen Garten mit Teehaus. Im Winter kannst du auf der Eisbahn Schlittschuh laufen, im Sommer wird daraus eine Skate- und Rollschuhbahn. Außerdem findet im Sommer beim großen Teich im nördlichsten Teil des Parks jeden Abend ein Wasserlichtkonzert statt.
Eingang Park u. a. Messeplatz und Marseillerstraße, Eingang Eisarena Holstenwall 30, www.plantenunblomen.hamburg.de, Tel. 040 3193546, Apr. 7.00–22.00, Mai–Sept. 7.00–23.00, Okt.–März 7.00–20.00 Uhr, Wasserlichtkonzert Mai–Aug. 22.00, Sept. 21.00 Uhr, Eintritt Park frei, Eisarena 4,90 €, U-Bahn U 2 Messehallen, 3 St. Pauli, S-Bahn S 11, 21, 31 Dammtorr

⑪ Das **Koch Kontor** ist ein Paradies für Menschen, die gern lecker kochen und essen. Mit über 1000 Titeln hat das Koch Kontor das größte Kochbuch-Sortiment in ganz Norddeutschland. Bei Kaffee und Kuchen kannst du durch die Kochbücher blättern. Wochentags kannst du dich außerdem ab 12 Uhr zum Mit-

22

tagessen anstellen, das jeden Tag nach einem Rezept aus einem anderen Kochbuch zubereitet wird.

Karolinenstraße 27, www.koch-kontor.de, Tel. 040 43216036, Di–Do 10.00–18.00, Fr 15.00–18.00, Sa 12.00–16.00 Uhr, Mittagstisch Di–Do 12.00–14.30 Uhr, Preis Mittagstisch 10 €, U-Bahn U 2 Messehallen

(21) Ulkfotos aus dem **Fotoautomaten** sind eine beliebte und vor allem nächtliche Angelegenheit. Die Automaten aus den 1960er und 1970er-Jahren haben mittlerweile Kultstatus, wundere dich also nicht, wenn du samstags Warteschlangen davor entdeckst. Für 3 Euro gibt's jede Menge Gelächter und eine bleibende schwarz-weiße Erinnerung. Automaten findest du u. a. auf dem Schlachthofgelände, in der Barbarabar auf dem Hamburger Berg und beim Strandclub Central Park in der Max-Brauer-Allee.

Neuer Kamp 32, www.photoautomat.de, Tel. 01776655333, Preis Foto 3 €, U-Bahn U 3 Feldstraße

(22) Samstags ist der **Schanzenflohmarkt** am alten Schlachthof, auch Flohschanze genannt, der ideale Ort, um auf Schnäppchenjagd zu gehen. Von altem Ramsch bis zu Designermöbeln, hier findest du alles. Lege in einem der Cafés eine Pause ein oder setz dich auf die Tribüne neben der Passage und schau dir das vergnügliche Chaos von oben an.

Neuer Kamp 30, www.marktkultur-hamburg.de, Sa 8.00–16.00 Uhr, Eintritt frei, U-Bahn U 3 Feldstraße

(35) Um Afrikas höchsten Berg zu erklimmen, brauchst du gar nicht so weit fahren. Mitten im Schanzenviertel, direkt hinter der Roten Flora, wurde ein alter Bunker zum Kletterberg **Kilimanschanzo** mit 55 Kletterrouten umfunktioniert. Eigentlich brauchst du eine Mitgliedschaft, aber sonntagnachmittags darfst du gratis probeklettern.

Schanzenstraße 69, Florapark (Eingang Schulterblatt oder Juliusstraße), www.kilimanschanzo.de, Tel. 040 25485429, Probeklettern Apr.–Okt. So 15.00–17.30 Uhr (bei gutem Wetter), Probeklettern gratis, U-Bahn U 3 Sternschanze, S-Bahn S 11, 21, 31 Sternschanze

ROUTE 4

EIMSBÜTTEL, EPPENDORF, HARVESTEHUDE & WINTERHUDE

INFOS ZUR ROUTE

Diese Tour führt dich durch das weniger touristische Hamburg, eine super Sache, um die Stadt etwas besser kennenzulernen. Du kommst an exklusiven Geschäften und schönen Häusern aus dem 19. Jahrhundert vorbei. Dienstags und freitags wird außerdem in Eppendorf der Isemarkt abgehalten. Das letzte Stück entlang der Alster ist vor allem in der Mittagssonne sehr schön. Die Route ist recht lang, sie bietet sich auch als Radtour an.

DIE VIERTEL

Diese Stadtteile liegen etwas außerhalb des Zentrums und sind bei Touristen weniger bekannt, aber deshalb nicht weniger schön. Hier geht's durch die wohlhabenderen Viertel der Stadt, wo die Läden und Restaurants ein Stück weit exklusiver und stilvoller sind. Prächtige Altbauten prägen das Straßenbild.

Eimsbüttel ist Hamburgs am dichtesten besiedelter Stadtteil. Hier leben junge Akademikerfamilien und die Mieten sind noch einigermaßen bezahlbar. Der Weg des von Bäumen gesäumten Isebekkanals ist eine beliebte Laufstrecke, hier befindet sich auch das **Kaifu-Bad**. Die belebte Osterstraße ist die Hauptgeschäftsstraße, aber die schönste Einkaufsstraße ist der Eppendorfer Weg.

Eppendorf ist schicker als Eimsbüttel. Die Wohnungen sind größer und die Mieten fast unbezahlbar. Der Stadtteil wird immer beliebter, dadurch wird alles noch exklusiver. In den Cafés und Restaurants herrscht dennoch eine entspannte Atmosphäre. Zum Shoppen geht's Richtung Lehmweg, Hegestraße, Eppendorfer Landstraße und auf den **Isemarkt**.

An der Alster liegt **Harvestehude** mit seinen Millionärsvillen und Konsulaten. Hier wohnen die ganz Reichen, und Werbeagenturen und Antiquariate haben sich niedergelassen. Das dörfliche Eliteviertel Pöseldorf beginnt bei der prachtvollen **Milchstraße**.

Auf der anderen Seite der Alster, südlich des Stadtparks, liegt **Winterhude**. Vor allem der südliche Teil ist dank seiner Lage am Alsterufer sehr beliebt. Wohnungen sind mittlerweile auch hier teuer geworden. Man sieht viele Yuppies, die über den Mühlenkamp und die Gertigstraße flanieren, wo es an ausgefallenen Läden, Restaurants und Bars nicht mangelt.

WENIG ZEIT? DAS SIND DIE HIGHLIGHTS:
ISEMARKT + LEINPFAD + ALSTERPARK + MILCHSTRASSE + SHOPPEN AUF DEM LEHMWEG

EIMSBÜTTEL, EPPENDORF, HARVESTEHUDE & WINTERHUDE

1. Kaifu-Bad
2. Mascha Iris Rotermund
3. Zinnober
4. Speisekammer
5. Bloom
6. Blackline
7. Brüdigams
8. moki's goodies
9. Eppendorfer Grill-Station
10. LIV
11. Burg's Tee und Kaffeeladen
12. Kuestensilber
13. dito café & eis
14. Cucinaria
15. La Quesadilla
16. Hello Love
17. VONHAASE
18. ONO
19. Little Amsterdam
20. Botanic District
21. Das 7. Zimmer
22. Harm Jopp Jerseys
23. YOMARO
24. Kunstgenuss
25. Schokovida
26. Isemarkt
27. Conrad Hasselbach
28. Hauptkirche St. Nikolai
29. SUPPER CLUB
30. Leinpfad
31. Alsterpark
32. Milchstraße
33. Elbgold
34. Chapeau!
35. Dulf's Burger
36. Bistro L'EMIR
37. Zwölf
38. Kailua Poké Monkey Beach

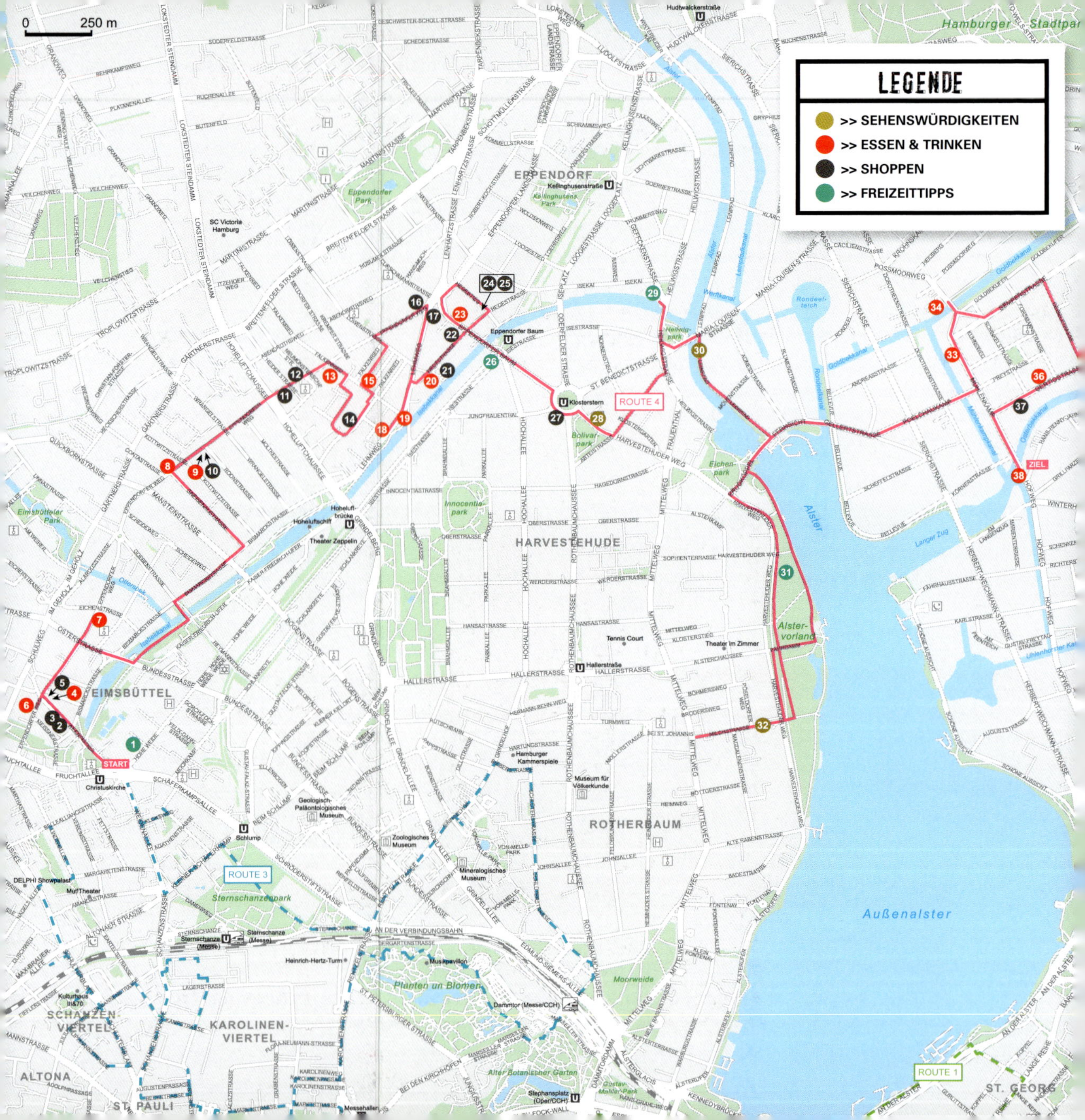
LEGENDE
>> SEHENSWÜRDIGKEITEN
>> ESSEN & TRINKEN
>> SHOPPEN
>> FREIZEITTIPPS
0
250 m
START
ZIEL
ROUTE 1
ROUTE 3
ROUTE 4
EPPENDORF
HARVESTEHUDE
ROTHERBAUM
EIMSBÜTTEL
SCHANZEN-VIERTEL
KAROLINEN-VIERTEL
ALTONA
ST. PAULI
ST. GEORG
Hamburger Stadtpark
Außenalster
Alster
Alstervorland
Eppendorfer Park
Kellinghusens Park
Innocentiapark
Eichenpark
Bolivarpark
Heilwig-park
Eimsbütteler Park
Sternschanzenpark
Planten un Blomen
Alter Botanischer Garten
Moorweide
Gustav-Mahler-Park
Rondeelteich
Langer Zug
Isebekkanal
Goldbekkanal
Osterbekkanal
Mühlenkampkanal
Kellinghusenstraße
Eppendorfer Baum
Klosterstern
Hoheluftbrücke
Hallerstraße
Schlump
Christuskirche
Sternschanze (Messe)
Dammtor (Messe/CCH)
Stephansplatz (Oper/CCH)
Hudtwalckerstraße
SC Victoria Hamburg
Hoheluftschiff
Theater Zeppelin
Tennis Court
Theater im Zimmer
Hamburger Kammerspiele
Museum für Völkerkunde
Geologisch-Paläontologisches Museum
Zoologisches Museum
Mineralogisches Museum
DELPHI Showpalast
Mut! Theater
Heinrich-Hertz-Turm
Musikpavillon
Kulturhaus III&70
Messehallen

BESCHREIBUNG ROUTE 4 (ca. 13,3 km)

Von der U-Bahnstation Christuskirche biegst du links in den Weidenstieg, rechter Hand befindet sich das Kaifu-Bad 1. Ein Stück weiter kannst du shoppen 2 3 und lecker frühstücken 4. An der Kreuzung 5 links in den Eppendorfer Weg gibt's Kaffee 6, weiter geht's in die andere Richtung. Um für den Abend zu reservieren 7, überquerst du die Osterstraße geradeaus. Dann folgst du der Osterstraße Richtung Isebekkanal und betrittst nach der Brücke links den Park am Kaiser-Friedrich-Ufer. Wechsle an der Rad- und Fußgängerbrücke die Kanalseite und nimm rechts die Bismarckstraße und links die Gneisenaustraße. Im Eppendorfer Weg 8 rechts locken ein kleiner Imbiss 9 und tolle Läden 10 11 12. Gönn dir rechts im Falkenried ein Eis 13 und dreh dann rechts eine Runde um den Straßenbahnring 14, bis du wieder beim Falkenried rauskommst. Biege links und die dritte Straße rechts 15 ab, danach links und wieder rechts in den Eppendorfer Weg 16. Rechts im Lehmweg 17 gibt's himmlisches Sushi 18 und eine Terrasse am Kanal 19. Kehr um und zweige in die Hegestraße 20 21 22 ab. Lauf dann links in den Eppendorfer Baum 23. An der Kreuzung rechts und wieder rechts in den Hegestieg findest du schöne Ansichtskarten 24 und um die Ecke Schokolade 25, zurück am Eppendorfer Baum hältst du dich links. Unter der Hochbahn findet dienstags und freitags ein Markt statt 26. Am Kreisel 27 folgst du geradeaus dem Harvestehuder Weg 28. Schlendere links durch die vornehme Abteistraße und am Ende links in die Heilwigstraße. Über die Kanalbrücke links lockt Spaß auf dem Wasser 29. Ansonsten nimmst du vor dem Park rechts die Streekbrücke über die Alster und biegst direkt rechts auf den Leinpfad 30 ab. Du kommst bei der Krugkoppelbrücke raus, von wo du eine tolle Aussicht hast. Überquere die Brücke und spaziere weiter an der Alster entlang 31. Mach rechts einen Abstecher in die historische Milchstraße 32. Durch den schönen Park kehrst du zur Krugkoppelbrücke zurück und gehst geradeaus weiter über Fernsichtbrücke, Gellerstraße und Poelchaukamp. Links im beliebten Mühlenkamp bekommst du einen Kaffee 33, jenseits des Kanals einen Cocktail 34. Biege dann am Spielplatz vorbei in die Semperstraße und ein Stückchen weiter rechts in die Geibelstraße. In der Gertigstraße kannst du einen leckeren Hamburger 35 oder rechts libanesisch essen 36 37. Zurück am Mühlenkamp links schließt du deinen Tag mit einem Sonnenuntergang an einem Zufluss der Alster ab 38.

SEHENSWÜRDIGKEITEN

(28) Die **Hauptkirche St. Nikolai** in Harvestehude wurde 1962 gebaut, als Nachfolger der ehemaligen Hauptkirche St. Nikolai in der Innenstadt, die im Zweiten Weltkrieg zerstört wurde. Das Kirchengebäude ist ein Rundbau, der vorderste Teil, aus dem der spitze, kupfergrüne Turm emporragt, ist rechteckig und bildet, auch farblich, einen starken Kontrast zum Rest.

Harvestehuder Weg 118, www.hauptkirche-stnikolai.de, Tel 040 4411340, tgl. 8.00–18.00 Uhr, Eintritt frei, U-Bahn U 1 Klosterstern

(30) Sie ist eine von Hamburgs exklusivsten Straßen. Radle oder spaziere über den **Leinpfad** Richtung Außenalster, wo du die feinen Villen mit prächtigen Gärten auf beiden Seiten des Wassers (auch die Alster, aber hier noch als Fluss) bewundern kannst. An der Außenalster angekommen, hast du von der Krugkoppelbrücke aus eine großartige Aussicht über Wasser und Stadt.

Leinpfad, U-Bahn U 1 Klosterstern

(32) Die **Milchstraße** ist eine historische Straße mit dörflicher Atmosphäre in einem vornehmen Teil der Stadt. Beim Bummel durch die Straße kannst du die herrlichen Gebäude und Villen mit ihren Türmchen, Ornamenten und anderen besonderen Details bestaunen. Es gibt auch schöne Geschäfte und gute Restaurants, z. B. den Italiener **Da Mario**.

Milchstraße, U-Bahn U 1 Hallerstraße

ESSEN & TRINKEN

(4) Die **Speisekammer** hat ein feines und mit Liebe zusammengestelltes Frühstücksangebot, nichts anderes erwartet man von diesem stilvollen Café mit Holzbodenterrasse. Außerdem gibt es selbst gemachte Scones, Kuchen, Brioches und einen täglich wechselnden Mittagstisch. Die hausgemachte Marmelade ergibt ein schönes Mitbringsel.

Weidenstieg 5a, www.hamburg-speisekammer.de, Tel. 040 40188124, Mo & Mi–Sa 9.00–18.00, So 10.00–18.00 Uhr, Preis Frühstück 12,50 €, Lunch 9 €, U-Bahn U 2 Christuskirche

PROPSONE

23
YOMARO
YOMARO
FROZEN YOGURT

19

15

20

15

⑥ Der Kaffee, den du bei **Blackline** bekommst, stammt von Bohnen aus Kaffeeröstereien in und um Hamburg. Dennoch ist die stilvolle Kaffeebar kein Ort für Kaffee-Nerds – Blacklines Motto lautet: *„We do coffee, not science."* Sie bereiten hier einfach nur guten Kaffee zu, und das riecht, sieht und schmeckt man. Am besten genießt du ihn mit den Anwohnern in der Morgensonne.

Eppendorfer Weg 67, www.blacklinecoffee.de, Mo–Fr 9.00–16.00, Sa 10.00–16.00 Uhr, Preis Kaffee 2,75 €, U-Bahn U 2 Christuskirche

⑦ Die Einrichtung im **Brüdigams** ist eine wilde Stilmischung mit Möbeln und Accessoires, die Inhaber und Koch Frank Brüdigam von seinen vielen Reisen mitgebracht hat. Die Speisekarte ist international mit deutscher Basis. Frank kochte einst im Londoner Kensington Park Hotel für Lady Di, und mit genauso viel Leidenschaft serviert er seinen Gäste in Eimsbüttel sorgfältig zusammengestellte Gerichte. Auch der Mittagstisch ist zu empfehlen.

Eppendorfer Weg 98, www.bruedigams.de, Tel. 040 57012999, Do–Sa ab 17.30, So ab 17.00 Uhr, Preis 3-Gänge-Menü 34,50 €, U-Bahn U 2 Osterstraße, Christuskirche

⑧ Bei **moki's goodies** gibt's zum Frühstück jeden Tag frische Leckereien und Smoothies, die ein Mix aus *soulfood* und Superfoods sind. Bis 14 Uhr bekommst du herrliche Acai-Smoothie-Bowls, Avocadobrot oder andere gesunde Speisen.

Eppendorfer Weg 171, www.mokis-goodies.de, Tel. 040 84890833, Mo & Do–Fr 10.00–14.00, Sa–So 10.00–16.00 Uhr, Preis Frühstück 8,50 €, U-Bahn U 3 Hoheluftbrücke

⑨ Die **Eppendorfer Grill-Station** ist Schauplatz der beliebten Improvisations-Comedy *Dittsche: Das wirklich wahre Leben* im WDR. Olli Dittrich spielt den arbeitslosen Dittsche, der dort jeden Tag im Bademantel erscheint, Bier trinkt und den Inhaber mit seinen abstrusen Theorien nervt. Seitdem hat der Imbiss Kultstatus, manchmal stehen sogar Fans in Bademantel vor der Tür. Es gibt täglich wechselnden Mittagstisch, Klassiker sind Currywurst und gegrilltes Hähnchen. Immer frisch, so der Inhaber, denn ohne Qualität kein Kult!

Eppendorfer Weg 172, www.eppendorfer-grillstation.de, Tel. 040 42326809, Mo–Fr 11.00–21.00, Sa–So 12.00–20.00 Uhr, Preis 6 €, U-Bahn U 3 Hoheluftbrücke

(13) Bei **dito café & eis** bekommst du leckeres hausgemachtes Eis, mit viel Liebe zubereitet. Hier wird gern ein bisschen experimentiert und das Ergebnis ist oft der Hammer! Es gibt Klassiker mit dem gewissen Extra wie geröstete Haselnüsse und Crunch-Schokolade, aber auch spannende Aromen wie Gurke, Mohn-Marzipan und Milchreis-Himbeere. Die Kundschaft kommt gern von weiter her für eine ihrer Kugeln.
Falkenried 47, fb @ditoeiscafe, Tel. 040 88361544, tgl. 12.00–20.00 Uhr, Preis Kugel 1,40 €, U-Bahn U 3 Hoheluftbrücke, Eppendorfer Baum

(15) Etwas Abwechslung gefällig? Für ein wenig mexikanisches Feeling in Hamburg bist du bei **La Quesadilla** richtig. Nicht nur die leckeren Tacos, Enchiladas, Quesadillas und Burritos sorgen dafür, auch die farbenfrohe Terrasse im Garten inklusive Tischdecken und Fähnchen passen perfekt dazu. Ein schönes Restaurant, um den Tag zu beenden.
Falkenried 30, fb @la.quesadilla.de, Tel 040 89721372, Mo–Di & Do–Fr 17.00–21.00, Mi & So 15.00–21.00, Sa 16.00–21.00 Uhr, Preis 15 €, U-Bahn U 3 Hoheluftbrücke, Eppendorfer Baum

(18) Göttliches Sushi bekommst du im Sushitempel **ONO**, dem zweiten japanischen Restaurant von TV-Koch Steffen Henssler. Wegen der ziemlich minimalistischen Einrichtung kann es schon mal laut werden, also eher kein geeigneter Ort für ein romantisches Tête-à-tête. Die Speisekarte hält auch Fleisch- und Fischgerichte sowie Vegetarisches bereit, die schöne Terrasse mit Blick auf den Isebekkanal ist im Sommer der *place to be* in Eppendorf.
Lehmweg 17, www.onobysh.de, Tel. 040 88171842, Di–Sa 12.00–15.00 & 17.30–22.30 Uhr, Preis 25 €, U-Bahn U 3 Hoheluftbrücke

(19) In einem ehemaligen Toilettenhäuschen am Isebekkanal in Eppendorf befindet sich jetzt das charmante Gartenlokal **Little Amsterdam**. Es gibt eine sonnige Terrasse im Gras am Kanal; wenn alles voll ist, setzt du dich einfach auf die Treppe. Und bei Regen schnappst du dir eine Decke und ihr rückt romantisch unter dem Pavillondach zusammen. Auf der Speisekarte, die zum Teil auf Niederländisch geschrieben ist, stehen regionale Bier- und Weinsorten, Croques, Wraps und Salate.
Klosterallee 69, fb @littleamsterdamhh, Tel. 040 33370328, Mo–Do & So 11.00–23.00, Fr–Sa 11.00–0.00 Uhr, Preis Wrap 6 €, U-Bahn U 3 Eppendorfer Baum, Hoheluftbrücke

⑳ Schmackhafte Pokebowls oder Burger zu einem guten Preis bekommst du im **Botanic District**, Bar und Restaurant zugleich. Sie bieten auch vegetarische oder vegane Optionen an, z. B. den Chickpea Party Burger. Der Name verrät es schon: Du sitzt hier zwischen jeder Menge Pflanzen und Blumen. Es gibt auch leckere Cocktails, vor allem den Violett Fizz oder Skin Berry solltest du probieren. Oder du bestellst ein „Herrengedeck".

Hegestraße 14–16, www.botanic-district.de, Tel. 040 46095310, Di–Sa ab 17.00 Uhr, Preis Burger 12,50 €, Cocktail 7,50 €, U-Bahn U 3 Eppendorfer Baum

㉓ Appetit auf eine köstliche kühle Erfrischung, aber keine Lust auf (zu) süßes Eis? Dann versuch's mal mit dem Frozen Yoghurt von **YOMARO**. Hier kombinieren sie frischen hausgemachten Joghurt mit über 40 verschiedenen Toppings, Soßen und Fruchtpürees. Beim Anblick all dieser leckeren Dinge fällt die Entscheidung schwer.

Eppendorfer Baum 34, yomaro.de, tgl. 12.00–21.00 Uhr, Preis Becher Joghurt mit Toppings 2,40 €, U-Bahn U 3 Eppendorfer Baum

8

9
Imb
Eppendorfer Grill-Station
Gut Essen!
Mittagstisch
1/2 Grillhähnchen

19

(33) Ganz Hamburg kennt den **Elbgold**-Kaffee, und das nicht ohne Grund: Die hauseigene Kaffeerösterei in der Schanze (Lagerstraße 34c) mischt Fairtrade-Kaffeebohnen aus der ganzen Welt zu einzigartigen Kombinationen. Auch in dieser Dependance in Winterhude gibt es eine große Auswahl an verschiedenen Kaffeesorten, der Elbgold-Espresso ist mittlerweile berühmt. Hausgemachter Kuchen, frisch belegte Brötchen und eine angenehme Atmosphäre sorgen zusätzlich dafür, dass hier immer viel Betrieb ist.

Mühlenkamp 59, www.elbgold.com, Tel. 040 23517520, Mo–Fr 7.00–18.00, Sa 8.00–18.00, So 9.00–18.00 Uhr, Preis Espresso 2 €, U-Bahn U 3 Sierichstraße, Borgweg

(34) Dank der eigenen Anlegestelle ist auf der Terrasse bei **Chapeau!** immer was los. Hier kann man den Tag ganz entspannt ausklingen lassen. An der Bar bekommst du eine große Auswahl an Cocktails und Wein. Die Speisekarte ist nicht so groß, aber es ist für jeden etwas dabei, Salate, Pasta, Fleisch und Fisch vom Grill. Unbedingt auch die Süßspeisen probieren!

Moorfuhrtweg 9, www.chapeau-restaurant.com, Tel. 040 27075444, Mo–Do & So 17.00–23.00, Fr–Sa 17.00–0.00 Uhr, Preis 20 €, U-Bahn U 3 Sierichstraße, Borgweg

(35) Bei **Dulf's Burger** gibt's den vielleicht besten Hamburger in ganz Hamburg. Das Fleisch kommt aus der Region und das Brot wird selbst gemacht. Die Burger werden mit den Zutaten zu wahren Kunstwerken gestapelt, sie zu essen ist eine Herausforderung. Danach noch Platz für einen Nachtisch? Probiere unbedingt ihre andere Spezialität, Milchshakes. Man muss oft lange anstehen, auch bei den zwei anderen Filialen in Eimsbüttel und Karolinenviertel.

Gertigstraße 57, dulfsburger.de, Tel. 040 30725939, Mo–Do & So 11.30–22.00, Fr–Sa 11.30–23.00 Uhr, Preis Hamburger 10 €, Milkshake 4,90 €, U-Bahn U 3 Borgweg

(36) Feine libanesische Küche bietet das **Bistro L'EMIR.** Der Koch hat sein Fach in einem anderen libanesischen Restaurant gelernt und ein eigenes (besseres) Lokal in Winterhude aufgemacht. Er möchte seine Speisen mit mehreren Sinnen erfahrbar machen und kreiert darum wunderbare Gerichte, die nicht nur lecker schmecken und duften, sondern auch noch schön aussehen. Du bekommst hier Mittagstisch, Wein mit *Mezze* oder ein herrliches Abendessen.

Gertigstraße 23, bistrolemir.de, Tel. 040 18054740, Mo–Fr 12.00–22.00, Sa 17.00–22.00 Uhr, Preis 5-Gänge-Menü 39 €, U-Bahn U 3 Borgweg

(38) Die Lage des **Kailua Poké Monkey Beach** ist einzigartig. Das hawaiianische Restaurant bietet unten eine Holzterrasse am Wasser, während das obere Stockwerk spektakulär über der Alster hängt. Mit vielen Pflanzen, farbenfrohen Möbeln und Lounge-Sesseln ist dies der perfekte Ort, um was trinken zu gehen und eine Pokébowl zu essen. Stell dir deine Lieblings-Bowl zusammen, mach's dir gemütlich und schau den vorbeifahrenden Kanus und Stehpaddlern zu.
Anleger Mühlenkamp, Hofweg 103, www.kailuapoke.de, Tel. 040 36035780, Mo–Sa 11.30-22.00, So 12.00–22.00 Uhr, Preis Pokébowl 9,50 €, U-Bahn U 3 Sierichstraße, Mundsburg

SHOPPEN

(2) Bei **Mascha Iris Rotermund** ist alles, was sie verkauft, zwar gestrickt, aber bestimmt nicht altmodisch. Ihre blumigen Muster sind sehr modern und stilvoll. Ihr Sortiment besteht aus hübschen handgestrickten Pullis, Schals und Mützen. Zusätzlich zur Wintergarderobe gibt es noch viele andere schöne Dinge wie Stoffhaargummis, Kuscheltiere und Babysachen. Du möchtest deinen Einkauf verschenken? Dann packen sie ihn dir gern ein.
Weidenstieg 16, www.rotermund.design, Tel. 040 39893000, Di–Fr 11.00-15.00, Sa 11.00–16.00 Uhr, U-Bahn U 2 Christuskirche

(3) Auf der Suche nach altem Silberbesteck, einem schönen Gemälde oder Nachttisch? Bei **Zinnober** findest du das bestimmt. Du kannst hier zwischen antiken und Secondhand-Objekten stöbern, die mit Liebe fürs Detail ausgewählt wurden.
Weidenstieg 16, Tel. 040 4918485, Mo 14.00–17.30, Di–Fr 11.00–18.00, Sa 11.00–15.00 Uhr, U-Bahn U 2 Christuskirche

(5) **Bloom** macht süchtig. Es fängt schon bei den Schaufenstern an, sie sind die perfekte Visitenkarte und wirken wie ein Magnet. Ein Besuch in dieser Boutique für Damenbekleidung, -schuhe und Accessoires ist ein wahres Fest. Bloom führt viele europäische Marken mit einem ganz eigenen Stil, z. B. Sessun und Baum & Pferdgarten.
Eppendorfer Weg 56, www.bloom-hamburg.de, Tel. 040 43179984, Mo–Fr 11.00–19.00, Sa 11.00–16.00 Uhr, U-Bahn U 3 Christuskirche

⑩ Bei **LIV** ist für jeden etwas dabei, der Conceptstore führt Kleidung für Frauen, Männer und Kinder. Du findest hier nicht nur ein neues Outfit, sondern auch schöne Accessoires für dein Wohnzimmer. Nachdem ihr Geschäft in Lüneburg gut lief, haben die Inhaber eine Filiale in Hamburg eröffnet. Der Laden hat eine frische Ausstrahlung und die Produkte versprühen nordeuropäischen Charme. Hier findest du bestimmt dein Glück!

Eppendorfer Weg 174, www.livhjem.de, Tel. 040 42939450, Mo–Sa 10.00–18.00 Uhr, U-Bahn U 3 Hoheluftbrücke

⑪ **Burg's Tee und Kaffeladen** ist nostalgisch eingerichtet mit hohen Holzregalen, die vollgestopft sind mit Köstlichkeiten und Krimskrams aus verschiedenen Ländern. Aber eigentlich geht's hier um Tee, selbstgerösteten Kaffee und alles, was dazu gehört. Tipp: Besuche auch das Kaffeemuseum Burg am St. Annenufer 2.

Eppendorfer Weg 206, www.kaffeeroesterei-burg.de, Tel. 040 4200610, Mo–Fr 10.00–18.00, Sa 10.00–15.00 Uhr, U-Bahn U 3 Hoheluftbrücke

Shop with the locals

⑫ Im Conceptstore und Atelier **Kuestensilber** bekommst du wunderbaren Schmuck, den die Inhaberin Clementine Schmodde aus Sterlingsilber fertigt. Daneben gibt es auch schöne Kleidung, Schuhe und Innendeko zu kaufen. Ein übersichtlich eingerichteter Laden, in dem es sich wunderbar stöbern lässt und den du garantiert nicht mit leeren Händen verlässt. Eine weitere Filiale findest du auf dem Überseeboulevard in der HafenCity.

Eppendorfer Weg 235, www.kuestensilber.com, Tel. 040 46961292, Di–Fr 12.00–18.00, Sa 11.00–17.00 Uhr, U-Bahn U 3 Hoheluftbrücke

⑭ Für die Kochbegeisterten unter uns: Der Küchentempel **Cucinaria** führt Deutschlands größtes Sortiment an Küchengeräten- und accessoires. In diesem Profikochgeschäft findest du über sechstausend unterschiedliche Produkte, vom Austernmesser bis zur Espressomaschine. Du kannst auch Workshops buchen, um deine Hobbykochkünste zu verfeinern.

Straßenbahnring 12, www.cucinaria.de, Tel. 040 80609990, Mo–Fr 10.00–19.00 Sa 10.00–18.00 Uhr, U-Bahn U 3 Hoheluftbrücke, Eppendorfer Baum

⑯ Was als Idee von guten Freundinnen begann, wurde drei Monate später schon Realität. **Hello Love** ist ein farbenfroher Shop mit einem Mix aus Modeaccessoires und Lifestyleprodukten. Ein Laden, der gute Laune macht und den du am liebsten jeden Tag besuchen würdest.

Eppendorfer Weg 283, www.hellolove.de, Tel. 040 33450933, Mo–Fr 11.00–19.00, Sa 11.00–17.00 Uhr, U-Bahn U 3 Eppendorfer Baum

⑰ Der Name **VONHAASE** steht für schöne elegante Kleidung und beste Beratung von Ladeninhaberin Anu Haase persönlich. Ihre Boutique führt eine Auswahl an geschmackvollen europäischen Marken, die regelmäßig wechseln. Du solltest unbedingt auch durch die schönen kleinen Dinge stöbern, die Frau Haase mit Liebe ausgesucht hat, wie z. B. Spirituosen, Haaraccessoires und Handtaschen.

Lehmweg 47, www.vonhaase.de, Tel. 040 43213438, Mo–Fr 11.00–18.00, Sa 11.00–16.00 Uhr, U-Bahn U 3 Eppendorfer Baum

㉑ Vom Innenhof aus geht's über die Holztreppe hoch in den siebten Wohnhimmel. Das **7. Zimmer** hat eine überwältigende Menge an Secondhand-Artikeln und Antiquitäten, von Gießkannen über Schemel bis hin zu Heiligenbildern und

Vogelnestern. Das ist alles nicht auf einmal zu schaffen – geh zwischendurch einen Kaffee trinken, sammle Kräfte für die zweite Runde und dann ... zuschlagen!

Hegestraße 28a (Geschäft), 7 (Showroom), www.das7tezimmer.de, Tel. 040 4272290, Di–Fr 12.00–17.00, Sa 11.00–16.00 Uhr, U-Bahn U 3 Eppendorfer Baum

(22) Im Geschäft des Hamburger Labels **Harm Jopp Jerseys** hängt innovative Damen- und Herrenbekleidung auf den Kleiderständern. Die zwei Designer sind auch die Inhaber. Ihr Lieblingsstück für Damen ist der komfortable Jerseyrock in vielen Variationen. Für Männer gibt's saloppe Anzüge in guter Qualität.

Hegestraße 21, harm-jopp.de, Tel. 040 4303116, Mo–Fr 11.00–19.00, Sa 11.00–17.00 Uhr, U-Bahn U 3 Eppendorfer Baum

(24) Wer bekommt nicht gerne Post? Schick doch mal ein Kärtchen von **Kunstgenuss** nach Hause. Dieser Laden hat die größte Sammlung an Hamburger Kunstkarten, aber auch für andere originelle und lustige Karten bist du hier an der richtigen Adresse.

Hegestieg 14, www.kunstgenuss-hamburg.de, Tel. 040 46071250, Di–Sa 10.00–18.00 Uhr, U-Bahn U 3 Eppendorfer Baum

(25) **Schokovida** ist ein Paradies für Schokoladenmonster. Hier bekommst du wunderbare Schokoladen aus aller Welt, ob dicke Tafeln mit cremiger Schokolade oder dünne würzige. Sie verkaufen hier auch hausgemachtes Schokoladeneis, u. a. in den Geschmacksrichtungen Trüffel und Praline. Im Café-Bereich kannst du auch etwas trinken.

Hegestraße 33, www.schokovida.de, Tel. 040 87870808, Di–Fr 10.00–19.00, Sa 10.00–16.00 Uhr, U-Bahn U 3 Eppendorfer Baum

(27) Anfang der 1990er-Jahre war das Angebot an hochwertigem englischem Schuhwerk so begrenzt, dass **Conrad Hasselbach** beschloss, es selbst zu importieren. Gleiches galt für gut sitzende Tweedjacken und Cordhosen. Mittlerweile führt er sein eigenes Geschäft, in dem Jagdszenen an der Wand hängen und in dem du alles findest, um wie ein echter englischer Dandy auszusehen.

Klosterstern 2, www.conradhasselbach.de, Tel. 040 43091313, Mo–Fr 10.00–19.00, Sa 10.00–16.00 Uhr, U-Bahn U 1 Klosterstern

(37) Eine schöne Auswahl an zeitgemäßer Mode für sie und ihn mit skandinavischem Touch findest du bei **Zwölf**. Hier achtet man auf Details und Qualität mit dem Ziel, Mode, Funktionalität und Langlebigkeit zu vereinen. Lass dich durch ihre Outfits und Accessoires inspirieren – bei Bedarf beraten sie dich auch gern. Gertigstraße 12, Tel. 040 70704251, Mo–Fr 11.00–19.00, Sa 11.00–16.00 Uhr, U-Bahn U 3 Borgweg

FREIZEITTIPPS

(1) Das **Kaifu-Bad** (Abkürzung für Kaiser-Friedrich-Ufer) mit seiner Holztribüne und dem 10-Meter-Sprungbrett war 1936 Hamburgs erstes Freibad mit beheiztem Wasser. Mittlerweile sind noch die Kaifu-Lodge mit u. a. Fitnessclub und Saunalandschaft entstanden, sowie ein kleineres Außenbecken, das rund ums Jahr geöffnet ist. Auf der großen Liegewiesen kannst du im Sommer relaxen. Hohe Weide 15, www.baederland.de, Tel. 040 188890, Mo–Fr 9.00–0.00, Sa–So 9.00–23.00 Uhr, Eintritt 6,60 €, U-Bahn U 2 Christuskirche

26

26
OREGANO
MAJORAN
Bund
THYMIAN
Bund 1,50 €
LIMETTEN
unbehandelt
Stück -,50

(26) Der **Isemarkt** erstreckt sich über eine Länge von einem Kilometer unter dem Hochbahn-Viadukt und ist damit der längste Wochenmarkt Europas. Du kannst hier an dreihundert Ständen kulinarische Spezialitäten und Saisongemüse und -obst aus vorwiegend biologischer Landwirtschaft direkt von Bauern und Bäuerinnen aus dem Umland kaufen.
Isestraße 69, zwischen den U-Bahnstationen Hoheluftbrücke & Eppendorfer Baum, Di & Fr 8.30–14.00 Uhr, U-Bahn U 3 Hoheluftbrücke, Eppendorfer Baum

(29) Am schönsten lässt sich die Alster vom Wasser aus erkunden. Bei **SUPPER CLUB** kannst du hierfür Kanus, Tret- und Ruderboote mieten, oder auch SUP-Boards – Stehpaddeln ist bei vielen Hamburgern sehr beliebt. Bei schönem Wetter kann hier eine Menge los sein, aber die Wartezeit hält sich in Grenzen (Vorab-Reservierungen sind nicht möglich), und während du noch ein Alsterwasser genießt, bist du schneller dran als erwartet. Übrigens kannst du hier auch mit einem Frühstück in den Tag starten oder diesen mit einem wohlverdienten Burger beenden.
Isekai 13, supperclub.de, Tel. 040 473461, tgl. ab 10.00 Uhr, Preis SUP 14 € pro Stunde, U-Bahn U 1, 3 Kellinghusenstraße, 3 Eppendorfer Baum

(31) Der 1,5 Kilometer lange **Alsterpark** bietet sich geradezu an für ein Picknick, oder du lässt dich entspannt in einen der weißen Stühle nieder und liest ein Buch oder beobachtest die Segelboote auf dem Wasser. Der Park ist herrlich gelegen zwischen der wunderschönen Außenalster und den prunkvollen weißen Gebäuden der Konsulate. Um einen schönen Sonnenuntergang zu genießen, musst du allerdings auf die andere Seite der Alster wechseln.
Den Harvestehuder Weg entlang, zwischen Krugkoppel und Alte Rabenstraße, U-Bahn U 1 Klosterstern, Allerstraße

ROUTE 5

ALTONA & OTTENSEN

INFOS ZUR ROUTE

Diese Route führt dich an der Elbe entlang. Über den Fischmarkt und durch den Park mit dem Aussichtspunkt Altonaer Balkon spazierst du zum alten Industriestandort Ottensen. Aus den ehemaligen Fabrikgebäuden aus Backstein wurden Kinos und Marktkhallen, auch Hamburger sind hier gern unterwegs. In den Seitenstraßen gibt es kleine, kreative Läden. Die Route ist relativ kurz und lässt sich prima mit einem Besuch am Elbstrand (siehe S. 138) oder mit einer Fährfahrt über die Elbe kombinieren.

DIE VIERTEL

Altona liegt an der Elbe. Der sonntagmorgens stattfindende **Fischmarkt** bei der Fischauktionshalle ist eine der größten und auffälligsten Attraktionen der Stadt. An den Ständen, die sich am Kai entlang bis nach St. Pauli erstrecken, bekommst du Fischbrötchen, Bier, Gemüse, Souvenirs und Kleidung, dazu gibt es Livemusik. Das alles geht schon morgens um 5 Uhr los. Weiter am Ufer entlang befinden sich außerdem interessante Gebäude wie Stilwerk und **Dockland**, mit Wohnungen, Büros, Geschäften und Restaurants. Vom **Altonaer Balkon** aus hast du eine tolle Aussicht auf die Elbe.

Meistens wird **Ottensen** in einem Atemzug mit Altona genannt. Ottensen liegt westlich von Altona und ist in den letzten Jahren immer beliebter geworden. Früher war Ottensen ein Industriegebiet, das kommt dem Stadtteil jetzt zugute. Die leerstehenden Fabrikhallen ziehen kreative Unternehmen an oder wurden zu Luxuslofts und viel besuchten Kulturzentren umgebaut, wie z. B. die **Zeise Kinos.**

Die große Auswahl an tollen Bars macht Ottensen zu einem beliebten Ausgehspot. Das Publikum ist jung, kunstaffin und ein bisschen öko. Die Große Rainstraße, Ottenser Hauptstraße und Friedensallee sind die schönsten Straßen.

Es gibt nicht nur Bars und Cafés, sondern auch originelle Läden und schöne Restaurants. An den Anfang der Ottenser Hauptstraße hat es die größeren Ladenketten gezogen.

Bei gutem Wetter zieht es die Bewohner von Ottensen an den Elbstrand im Süden des Stadtteils. Hier kannst du prima ein Sonnenbad nehmen, abhängen und lesen, manche gehen sogar schwimmen, aber am liebsten wird hier gegrillt. Während du so am Grill stehst, kann schon mal ein gigantisches Containerschiff vorbeifahren: ein bizarrer Anblick.

WENIG ZEIT? DAS SIND DIE HIGHLIGHTS:
ALTONAER FISCHMARKT + ALTONAER BALKON + OTTENSER HAUPTSTRASSE + KLIPPKROOG + ZEISE KINOS

TIPPS

// Sonntags früh raus und auf den Fischmarkt
// Kombiniere den kurzen Spaziergang mit Strand oder einer Bootsfahrt
// Unter Hamburgern ausgehen

ALTONA & OTTENSEN

1 Liberté
2 Altonaer Fischmarkt
3 Park Fiction
4 Salt & Silver
5 stilwerk
6 Hafenkran
7 Zum Schellfischposten
8 Werkhaus Fashion
9 Henssler & Henssler
10 Fisch & So
11 Dockland
12 Altonas Balkon
13 Altonaer Balkon
14 Altonaer Museum
15 Stuhlmannbrunnen
16 Claus Kröger
17 Klippkroog
18 Herzberg
19 Liebes Bisschen
20 Knuth
21 Mikkels
22 Fabrik
23 Torrefaktum Kaffeerösterei
24 Monsun Theater
25 Zeise Kinos
26 Bonscheladen
27 Aurel
28 Wohngeschwister Ottensen
29 Vergissmeinnicht
30 Druckwerkstatt Ottensen
31 Laundrette
32 Heimat
33 Eisliebe
34 Kleiderrausch
35 Hatari
36 Kleine Brunnenstraße 1
37 TIDE Treibholz & Feinkost

LEGENDE
>> SEHENSWÜRDIGKEITEN
>> ESSEN & TRINKEN
>> SHOPPEN
>> FREIZEITTIPPS
ROUTE 3
ROUTE 5
ROUTE 6
START
ZIEL
OTTENSEN
ALTONA
ST. PAULI
Fabrik
Hoftheater Ottensen, Kindertheater Wackelzahn
Altona
Allee Theater (Hamburger Kammeroper, Theater für Kinder)
Studio Schachar
Altonaer Museum
Altonaer Theater
Königstraße
Reeperbahn
Fischauktionshalle
Altonaer Balkon
Donnerspark
Walter-Möller-Park
Norderelbe
Köhlbrand
Kohlenschiffhafen
Vorhafen
Werfthafen
0
250 m

BESCHREIBUNG ROUTE 5 (ca. 8 km)

Überquere die Fährbrücke zum Fischmarkt und reserviere schon mal ein Plätzchen 1 2. Lauf ein Stück die Große Elbstraße Richtung Stadt und nimm die Treppe zur Fußgängerbrücke hinauf 3 4. Zurück geht's über die Große Elbstraße 5 zum alten Hafenkran 6. Du warst nicht auf dem Fischmarkt? Ein Stückchen zurück und links bekommst du neben Hamburgs ältester Treppe ein Fischbrötchen 7. Steige zwei Treppen hinauf, biege links auf den unbefestigten Weg ab und spaziere wieder hinunter 8. Ein bisschen weiter kriegst du rechts erstklassiges Sushi 9 oder links eine einfache, aber leckere Fischsuppe 10. Am Cruise Center vorbei kannst du das Dockland erklimmen 11. Zurück an der Großen Elbstraße nimmst du beim Restaurant Marseille die Stufen nach oben. Zweige links ab und schlendere durch den Park 12 zum perfekten Aussichtspunkt 13. Folge dem breiten Weg und lauf links vom Altonaer Rathaus in die Betty-Levi-Passage, die in die Museumstraße übergeht 14. Rechts auf dem Platz der Republik siehst du einen Springbrunnen 15. Weiter geradeaus, dann rechts durch den Tunnel unter den Bahnhof durch kommst du in die Neue Große Bergstraße. Vor IKEA links kannst du leckere Schokolade kaufen 16 und wieder links brunchen 17. Nochmal links und rechts gelangst du zurück zum Bahnhof und nach Ottensen. Geh an der privaten Hochschule vorbei durch die Gasse und die Erzbergerstraße 18 entlang. Auf dem Spritzenplatz 19 findet dienstags und freitags ein Biomarkt statt. Überquere den Platz Richtung Große Rainstraße 20 und bummle dann links durch die Kleine Rainstraße 21. Biege am Ende rechts in die Bahrenfelderstraße. An der Kreuzung Barnerstraße siehst du rechter Hand den Konzerttempel Fabrik 22. Weiter geradeaus lockt die Kaffeerösterei 23. Kehr um und nimm rechts die Barnerstaße und links die Friedensallee. Direkt links geht's in einen Innenhof 24, dann weiter die Friedensallee entlang. Schau dir die Zeise Kinos an 25, kauf dir was Süßes 26 für unterwegs oder genehmige dir je nach Geschmack einen Kaffee oder ein Bier 27. Spaziere weiter geradeaus 28 und am Ende der Straße rechts in die Ottenser Hauptstraße, wo viele schöne Geschäfte und Cafés 29 30 31 warten. Links in der Großen Brunnenstraße findest du einen tollen Geschenkeladen 32, gegenüber bekommst du leckeres Eis 33. Am Ende 34 links in die Eulenstraße kannst du in ein gutes deutsches Restaurant 35 einkehren. Zuletzt läufst du links durch die Rothestraße 36 37 Richtung Ottenser Hauptstraße.

SEHENSWÜRDIGKEITEN

⑥ An der Großen Elbstraße steht ein gut erhaltener alter **Hafenkran** von 1939. Er ist im Besitz des Hafenmuseums von Hamburg. Möchtest du mehr über die Geschichte des Hamburger Hafens erfahren? Zum Museum auf der anderen Seite der Elbe gelangst du mit einem Boot, das an den Landungsbrücken ablegt.
Große Elbstraße 134, shmh.de/de/hafenmuseum-hamburg, S-Bahn S 1, 2, 3 Königstraße

⑭ Das **Altonaer Museum** ist das größte regionale Museum Deutschlands und gibt einen Einblick in die Hamburger Kulturgeschichte des 19. und 20. Jahrhunderts sowie die des Umlands. Die umfangreiche Sammlung besteht u. a. aus Gemälden, Grafiken und Handwerksarbeiten, zudem gibt es wechselnde Sonderausstellungen. Es ist weniger bekannt, aber sehr interessant.
Museumstraße 23, shmh.de/de/altonaer-museum, Tel. 040 4281350, Mo & Mi–Fr 10.00–17.00, Sa–So 10.00–18.00 Uhr, Eintritt 8,50 €, S-Bahn S 1, 2, 3, 11, 21, 31 Altona, 1, 2, 3 Königstraße

⑮ Der imposante **Stuhlmannbrunnen** befindet sich auf dem Platz der Republik, wo auch das Altonaer Rathaus steht. 1869 schenkte Günther Ludwig Stuhlmann der damals selbstständigen Stadt Altona das Geld, um diesen Brunnen zu bauen. Er stellt zwei Zentauren dar, die über einen riesigen Fisch gebeugt kämpfen, drumherum verschiedene kleine Wasserbewohner, die mit Wasserstrahlen versuchen, in den Kampf einzugreifen. Die Figurengruppe ist eine Allegorie auf den früheren Streit zwischen Hamburg und Altona um den Fischfang.
Museumstraße 29, Platz der Republik, S-Bahn S 1, 2, 3, 11, 21, 31 Altona, 1, 2, 3 Königstraße

ESSEN & TRINKEN

① Das **Liberté** hat die vielleicht schönste Terrasse von ganz Hamburg. Das Bistro am Fischmarkt befindet sich auf einer schwimmenden Plattform auf der Elbe. Abends und am Wochenende schon ab mittags gibt's Cocktails und leckeres Essen mit französischem Einschlag. Während die Containerschiffe an dir

15

vorbeifahren, kannst du den Sonnenuntergang und die Aussicht auf die Elbphilharmonie genießen. Du solltest besser nicht so leicht seekrank werden, denn diese Plattform ist auch Anlegestelle für die Fähre, und da kommt schon mal ordentlich Wellengang auf.

Anleger Große Elbstraße 9a, liberte.hamburg, Tel. 040 31993888, Di–Mi 18.00–23.00, Do 18.00–0.00, Fr 16.00–0.00, Sa 14.00–0.00, So 14.00–21.30 Uhr, Preis 20 €, Fährlinie 61, 62 Altona (Fischmarkt), S-Bahn S Reeperbahn, Bus 112

(4) Nachdem sie die ganze Welt bereist hatten, eröffneten zwei Freunde das stilvolle **Salt & Silver**, dessen Küche von der Esskultur der bereisten Länder inspiriert ist. Eigentlich sind es zwei Restaurants unter einem Dach, links ist die Streetfood-Bar mit orientalischer Küche, eine Fusion aus libanesisch, syrisch, jordanisch, israelisch und palästinensisch. Rechts ist das „echte" Restaurant mit lateinamerikanischer Küche, wo du und deine Begleitung in aller Ruhe speisen könnt.

St. Pauli Hafenstraße 136–140, saltandsilver.de, Tel. 01734274366, Streetfood-Bar Mi–So 18.00–0.00, Preis Häppchen 8,50 €, Restaurant Di–Sa 18.00–0.00 Uhr, Preis 5-Gänge-Menü 64 €, S-Bahn S 1, 2, 3 Reeperbahn

⑦ **Zum Schellfischposten** ist die älteste Seemannskneipe der Stadt und ein beliebter Ort, um nach dem Fischmarkt ein Astra zu trinken. Die kleine Kneipe ist auch aus der Late-Night-Show *Inas Nacht* bekannt, woran du drinnen an jeder Ecke erinnert wirst. Es herrscht ein malerisches und entspanntes Ambiente mit Hafenfotos an den Wänden. Zu essen gibt es einfache, aber lecker belegte Brötchen.

Carsten-Rehder-Straße 62, www.schellfischposten.de, Tel. 040 383422, Mo–Sa ab 12.00, So ab 10.00, Preis Brötchen 3,50 €, S-Bahn S 1, 2, 3 Königstraße

⑨ Nach Abschluss seiner Ausbildung an der Sushi Academy in Los Angeles kehrte TV-Koch Steffen Henssler nach Hamburg zurück und eröffnete mit seinem Vater das **Henssler & Henssler**. In dem großen Restaurant im Industrielook kombinieren sie klassische japanische Küche mit internationalen Einflüssen, das Resultat ist eine Pazifikküche, die sich durch eine moderne Sushi-Zubereitung, viel gegrillten Fisch und eine originelle Präsentation auszeichnet. Du bekommst hier z. B. Sashimi „on the rocks" auf einer Schale mit Eiswürfeln serviert. Das Essen ist so köstlich, dass du noch tagelang davon schwärmen wirst.

Große Elbstraße 160, www.hensslerhenssler.de, Tel. 040 38699000, Mo–Sa 12.00–15.00, Mo–Do 17.30–22.30, Fr–Sa 17.30–23.00 Uhr, Preis 26 €, S-Bahn S 1, 2, 3 Königstraße

⑩ Erwarte keine spektakuläre Inneneinrichtung im Fischrestaurant **Fisch & So**. Dafür bekommst du leckeren Fisch zu einem kleinen Preis. Nimm den butterweichen Pannfisch mit Bratkartoffeln oder die herrliche Fischsuppe.

Große Elbstraße 117, Tel. 040 3893109, Di–Fr 9.00–17.00, Sa–So 11.00–18.00 Uhr, Preis 8 €, S-Bahn S 1, 2, 3 Königstraße

⑫ Zwischen dem ganzen Grün versteckt und einen Steinwurf vom fast gleichnamigen Aussichtspunkt entfernt liegt das Café **Altonas Balkon**. Weit weg vom Trubel bietet der Biergarten in einem höher gelegenen Park eine von Bäumen gesäumte Aussicht auf den Hafen. Genieße dieses wunderbare Stück Hamburg an einem der vielen Holztische mit einem Bier oder einer Ingwerlimonade.

Palmaille 41, Altonaer Balkon, www.altonas-balkon.de, Tel. 040 54806690, Mo, Di & Do 12.00–20.30, Mi & Fr–So 12.00–21.30 Uhr (bei gutem Wetter auch länger), Preis Bier 3,50 €, S-Bahn S 1, 2, 3 Königstraße

⑰ **Klippkroog** steht für einfache norddeutsche Küche. Die Gaststätte mit großer Sonnenterrasse wurde vor zehn Jahren von der alleinerziehenden Mutter Anna eröffnet. Seitdem ist daraus eine angesagte und leckere Brunch-Location in Altona geworden. Frühstück gibt's jeden Tag bis 15 Uhr, und als Mittagstisch stehen täglich vier Gerichte zur Auswahl: Suppe, Salat, Fleisch oder vegan, Freitag ist Fischtag. Die Zutaten sind frisch, regional und vieles ist hausgemacht.
Große Bergstraße 255, www.klippkroog.de, Tel. 040 57244368, Mo–Sa 9.00–0.00, So 9.00–18.00 Uhr, Preis Frühstück/Mittagstisch 9 €, S-Bahn S 1, 2, 3, 11, 21, 31 Altona

⑲ Die Tortenmanufaktur **Liebes Bisschen** stellt unwiderstehliche Torten und Cupcakes her. Die Torten sehen überdies so schön aus, dass man sich kaum traut, sie anzuschneiden. Du kannst die Torten mitnehmen oder in ihrem einfachen, aber süßen Café direkt vor Ort schlemmen. Natürlich gibt's dazu Kaffee, Tee oder ein Bio-Getränk. Freitags und am Wochenende bekommst du hier ein Frühstück mit Ei, Bagels und Pancakes.
Spritzenplatz 5, liebes-bisschen.de, Tel. 040 32967824, Di–Do 12.00–17.00, Fr–So 10.00–17.00 , Preis Kaffee & Kuchen 5,50 €, S-Bahn S 1, 2, 3, 11, 21, 31 Altona

⑳ Sehen und gesehen werden ist die Devise im Café **Knuth**. Vormittags dient es als Treffpunkt für hippe Eltern, mittags kommen die Kreativen aus den umliegenden Designerbüros zum Lunchen, und zum Feierabend wird hier gegessen und getrunken. Das Frühstück ist top: Es wird hübsch präsentiert und mit Gemüse, Obst und frischen Kräutern garniert. Du solltest reservieren.
Große Rainstraße 21, www.dasknuth.com, Tel. 040 46008708, Mo–Do 10.00–23.00, Fr–Sa 10.00–0.00, So 10.00–20.00 Uhr, Preis Frühstück ab 6,80 €, S-Bahn S 1, 2, 3, 11, 21, 31 Altona

㉑ Das **Mikkels** ist ein kleines Café im Souterrain, das leicht skandinavisch anmutet. Du bekommst hier Frühstück oder Kaffee und Kuchen. Die Scones und das Kleingebäck werden in der offenen Küche frisch für dich zubereitet. Die Designklassiker, auf denen du sitzt, sind käuflich zu erwerben, ebenso wie alle anderen Gegenstände, die du hier siehst.
Kleine Rainstraße 10, www.mikkels.de, Tel. 040 76995072, Mo & Mi–Sa 9.00–18.00, So 10.00–17.00 Uhr, Preis Gebäck ab 2 €, S-Bahn S 1, 2, 3, 11, 21, 31 Altona

19

37

23
CAFÉ DO
BRASIL

17
KLIPPKROOG
255

37

17

17
Lunch all afternoon

37

33

(23) Den Duft von frisch gebrannten Kaffeebohnen der **Torrefaktum Kaffeerösterei** riechst du schon auf der Straße. Die Einrichtung aus großen Holzbänken und alten Marktkisten und der Blick auf die Kaffeeröstmaschinen machen das Kaffeetrinken zu einem echten Erlebnis. Du hast die Wahl zwischen 15 Sorten Kaffee und den Geräten, mit denen dein Kaffee zubereitet werden soll. Die leeren Kaffeesäcke stehen zum Verkauf, du kannst z. B. darauf malen oder einen Kissenbezug daraus machen.
Bahrenfelder Straße 237, torrefaktum.de, Tel. 040 298126310, Mo–Fr 8.00–18.00, Sa–So 10.00–17.00 Uhr, Preis Tasse Kaffee 2,50 €, S-Bahn S 1, 2, 3, 11, 21, 31 Altona

(27) Tagsüber kannst du bei **Aurel** entspannt Kaffee trinken, aber ab 18 Uhr ist hier die Hölle los. Die leckeren und preiswerten Getränke sind bei den Ottensern sehr beliebt. Du solltest das seltene Gerstenbier Große Freiheit probieren. Die dunkle, retro-barocke Einrichtung sorgt für eine intime Atmosphäre. Es gibt ein romantisches Separee in einer Extranische, und auf der Toilette ertönen Walgesänge. Drinnen alles voll? Dann setz dich draußen zu den Locals auf die Bordsteinkante.
Bahrenfelder Straße 157, fb aurel, Tel. 040 3902727, Mo–So ab 10.30, Preis Bier 2,80 €, Cocktail 5 € (Happy Hour 18.00–21.00 Uhr), S-Bahn S 1, 2, 3, 11, 21, 31 Altona

(31) Während sich die Waschtrommel dreht, trinkst du einen Kaffee oder Cocktail – **Laundrette** ist Waschsalon und Café in einem. Tagsüber kommen die Nachbarn her, um entspannt etwas zu trinken, abends wird die Location zum Club. Von Donnerstag bis Samstag legen DJs auf und zwischen den Waschmaschinen und Trocknern wird getanzt.
Ottenser Hauptstraße 56, www.laundrette.de, Tel 040 63733600, Mo–Do 10.00–23.00, Fr–Sa 10.00–0.00, So 10.00–23.00 Uhr, Preis Cocktail 5 € (Happy Hour 18.00–21.00 Uhr), S-Bahn S 1, 2, 3, 11, 21, 31 Altona

(33) Die kleine Eisdiele **Eisliebe** hat das allerbeste Eis von Ottensen. Das Eis wird jeden Tag frisch hergestellt, und jeden Tag gibt's neue Aromen, die du unbedingt probieren musst. Lass dich nicht durch die lange Schlange auf dem Gehweg abschrecken, das Warten lohnt sich!
Bei der Reitbahn 2, fb @eisliebeottensen, Tel. 040 39808482, Mo & Mi–So 12.00–19.00 Uhr, Preis Eiskugel 1,50 €, S-Bahn S 1, 2, 3, 11, 21, 31 Altona

(35) Im **Hatari** gibt es Pfälzer Küche mit traditionellen Gerichten wie Maultaschen, Käsespätzle und Saumagen. Auch das klassische Schnitzel ist hier sehr empfehlenswert. An den Wänden prangen Illustrationen und Geweihe. Im Schanzenviertel (Schanzenstr. 2–4) und in Eimsbüttel (Eidelstedter Weg 1 & Eppendorfer Weg 58) gibt's weitere Filialen.

Eulenstraße 77, hataripfaelzerstube.com, Tel. 040 39909050, Mo–Fr ab 17.00, Sa–So ab 12.00, Preis 10 €, S-Bahn S 1, 2, 3, 11, 21, 31 Altona

(36) **Kleine Brunnenstrasse 1** ist ein gemütliches Restaurant in einer ruhigen Seitenstraße der Ottenser Hauptstraße. Auf der wöchentlich wechselnden Speisekarte stehen Gerichte wie knuspriges Doraden-Filet mit Fenchel-Grapefruit-Salat oder pikantes Lammcurry mit Pak Choi und Wassermelonen-Gurken-Salat. Die schöne Terrasse ist auch ein Magnet für die Leute aus dem Viertel.

Kleine Brunnenstraße 1, www.kleine-brunnenstrasse.de, Tel 040 39907772, Di–So ab 17.30 Uhr, Preis 3-Gänge-Menü 48 €, S-Bahn S 1, 2, 3, 11, 21, 31 Altona

(37) **TIDE Treibholz & Feinkost** bietet genau das an, was der Name verspricht: Treibholz und Delikatessen. Probiere den Bio-Himbeerquark, ein Brötchen mit Ziegensalami oder das hausgemachte Pesto. Bewundere im Raum neben dem wunderbar eingerichteten Café die Kunstwerke aus Treibholz, die der Inhaber Frank Walbeck dort ausstellt (und verkauft).

Rothestraße 53, www.tide.dk, Tel. 040 41111499, Mo–Fr 8.00–18.00, Sa 10.00–18.00 Uhr, Preis Brötchen 5 €, S-Bahn S 1, 2, 3, 11, 21, 31 Altona

SHOPPEN

(5) Für exklusives Design bist du bei **stilwerk** genau richtig. In einer ehemaligen Malzfabrik findest du auf 11.000 Quadratmetern und sieben Etagen über dreihundert innovative Inneneinrichtungsmarken. Luxuriöse Couchgarnituren von Bretz, Lampen von Tobias Grau und der Flagshipstore von Kartell aus Italien – hier kannst du stundenlang herumstöbern.

Große Elbstraße 68, www.stilwerk.de, Tel. 040 30621100, Mo–Fr 10.00–19.00, Sa 10.00–18.00 Uhr, U-Bahn U 3 Landungsbrücken, S-Bahn S 1, 2, 3 Landungsbrücken, Königstraße

(8) Das **Werkhaus Fashion** befindet sich in einer ehemaligen Werft, einem der ältesten Gebäude in Altona. Hier findest du hochwertige Kleidung für sie und ihn, von bekannten und weniger bekannten deutschen und internationalen Labels wie Rick Owens, Ann Demeulemeester und Yohji Yamamoto. Willst du den schönen Laden ganz für dich allein? Dann erkundige dich nach Möglichkeiten einer privaten Shoppingsession.

Große Elbstraße 146, www.werkhaus-fashion.de, Tel. 040 38616122, Mo & Mi–Sa 12.00–19.00 Uhr, S-Bahn S 1, 2, 3 Königstraße

(16) Es ist schwierig, das Geschäft **Claus Kröger** mit leeren Händen zu verlassen. Schon seit 1924 wird dort eine große Auswahl an Kaffee, Tee, Wein und Schokolade verkauft. Der Duft dieser Leckereien empfängt dich schon beim Eintreten. Mittlerweile gibt es auch hübsche Karten, Geschirr, Vasen und andere schöne Dinge zu kaufen. Die Waren stammen aus der ganzen Welt, und der Inhaber erzählt gern, auf welchen Reisen er sie gefunden hat.

Große Bergstraße 241, www.claus-kroeger.de, Tel. 040 3806060, Mo–Fr 9.00–18.30, Sa 9.00–17.00 Uhr, S-Bahn S 1, 2, 3, 11, 21, 31 Altona

28

29

5

(18) Das **Herzberg Design** hat gleich fünf Inhaberinnen, jede mit ihrem ganz eigenen Talent: Die eine malt, die anderen stellen Hüte, Möbel, Schmuck und Blumendekorationen her. Neben ihren eigenen Werken verkaufen sie auch mit Liebe ausgewählte Produkte von anderen Designern.
Erzbergerstraße 19, www.herzbergdesign.de, Tel. 040 52594263, Di–Fr 12.00–19.00, Sa 12.00–16.00 Uhr, S-Bahn S 1, 2, 3, 11, 21, 31 Altona

(26) Ein verführerischer Geruch kommt dir aus dem Süßwarengeschäft **Bonscheladen** entgegen. „Bonsche" ist das hamburgische Wort für „Bonbon", und nichts anderes gibt es hier zu kaufen. Jeden Tag um 16.15 Uhr und samstags um 14.30 kannst du dabei zuschauen, wie aus einem großen Klumpen Zucker Hunderte kleine Bonbons gemacht werden.
Friedensallee 12, www.bonscheladen.de, Tel. 040 41547567, Di–Fr 11.00–18.30, Sa 11.00–16.00 Uhr, S-Bahn S 1, 2, 3, 11, 21, 31 Altona

(28) In diesem schönen Laden findest du die Einrichtungstrends von heute und morgen. Das Familienunternehmen **Wohngeschwister Ottensen** stellt Möbel nach Maß her und hat auch vieles andere zu bieten: Wohn- und Küchenaccessoires, Lampen, Geschirr, Lautsprecher und mehr, in unterschiedlichen Stilen, aber stets von der Form her einfach und farbenfroh gehalten.
Bahrenfelder Straße 138, www.wohngeschwister.de, Tel. 040 46643937, Mo–Sa 11.00–19.30 Uhr, S-Bahn S 1, 2, 3, 11, 21, 31 Altona

(29) **Vergissmeinnicht** ist ein feines Kindergeschäft in einem kleinen Innenhof hinter der Ottenser Hauptstraße. Die Auswahl an Spielzeug, Wunschkarten und Baby- und Kinderkleidung ist eine Mischung aus modern, klassisch und nostalgisch. Für kleine Matrosen und Seebären gibt's maritim inspirierte Kleidung.
Ottenser Hauptstraße 44 (Innenhof), www.vergissmeinnicht-hamburg.de, Tel. 040 29812593, Mo–Fr 10.00–18.00, Sa 11.00–16.00 Uhr, S-Bahn S 1, 2, 3, 11, 21, 31 Altona

(30) Ottenser Künstler besorgen ihr Material in der **Druckwerkstatt Ottensen**. In dem bunten Laden kriegst du alles, was Papier und Druck betrifft, dazu gibt's ein schönes Sortiment an Designobjekten und praktischen Accessoires.
Ottenser Hauptstraße 46–48, www.druckwerkstatt-ottensen.de, Tel. 040 3986360, Mo–Fr 10.00–19.00, Sa 11.00–18.00 Uhr, S-Bahn S 1, 2, 3, 11, 21, 31 Altona

㉜ Diese unauffällige Schatzkammer wird leicht übersehen. Im **Heimat** findest du 1001 tolle Geschenkidee, die nicht so einfach auf einen Nenner zu bringen sind, von Mützen über Fahrradsattelbezüge bis Geschirr und Steichholzschachtelkunst. Im Heimat kriegst du auch Designstücke des Hamburger Labels dekoop.
Große Brunnenstraße 70, Tel. 01621900980, Mo–Fr 11.00–18.30, Sa 11.00–17.00 Uhr, S-Bahn S 1, 2, 3, 11, 21, 31 Altona

㉞ Möchtest du dein Traumkleid oder deine Traumschuhe für einen Bruchteil des Originalpreises finden? Bei **Kleiderrausch** bekommst du hochwertige Secondhand-Kleidung für Damen und Stücke von internationalen Labeln. Ob Lederjacken oder schöne Print-Hosen, hier gibt es jede Menge exklusiver Mode.
Eulenstraße 85, www.kleiderrausch.de, Tel. 040 39907316, Mo–Fr 11.00–14.30 & 16.00–19.00, Sa 12.00–18.00 Uhr, S-Bahn S 1, 2, 3, 11, 21, 31 Altona

FREIZEITTIPPS

② Der **Altonaer Fischmarkt** zieht Superfrühaufsteher oder Nachtschwärmer an. Sonntagmorgens ab 5 Uhr (im Winter ab 7 Uhr) verwandeln sich die Fischauktionshallen und der angrenzende Kai in einen farbenfrohen Marktplatz. Marktschreier übertönen sich gegenseitig, neben Fisch und Gemüse wird noch alles mögliche andere verkauft. Tausende Touristen mit schläfrigen Augen mischen sich unter die Partygänger von der Reeperbahn. In den Hallen spielt eine gut gelaunte Coverband, an langen Tischen wird Bier getrunken und alle verschlingen gierig ihre Fischbrötchen. Ein einzigartiges Spektakel!
Große Elbstraße 9, www.hamburg.de/fischmarkt, So Apr.–Okt. 5.00–9.30, Nov.–März 7.00–9.30 Uhr, Fährlinie 61, 62 Altona (Fischmarkt), S-Bahn S 1, 2, 3 Reeperbahn

③ Die stählernen Palmen und wellenartigen Grasfelder machen **Parc Fiction** zu einem besonderen Ort am Elbufer. Der Park liegt an der Grenze zwischen Altona und St. Pauli und ist aus einer Nachbarschafts- und Künstler-Initiative in St. Pauli entstanden. Er ist ein beliebter Treffpunkt für die Jugend und auch für Biker und Skater. Der ideale Ort zum Sonnenbaden und Schiffe beobachten.
Ecke Antonistraße/Bernhard-Nocht-Straße, park-fiction.net, U-Bahn U 3 Landungsbrücken, St. Pauli, S-Bahn S 1, 2, 3 Landungsbrücken, Reeperbahn

⑪ Das **Dockland** ist ein Bürogebäude mit sechs Etagen, dessen Form von einem Schiffsbug inspiriert ist. Das schiefe Dach besteht aus einer großen breiten Treppe, die in einer Aussichtsplattform mündet. Hol einmal tief Luft und erklimme die 136 Stufen, um auf das Dach des 25 Meter hohen Gebäudes zu gelangen. Von hier aus hast du einen tollen Ausblick über die Elbe mit der Elbphilharmonie in der Ferne. Tipp: Bei Sonnenauf- oder untergang ist die Aussicht am schönsten.

Van-der-Smissen-Straße 9, tgl. geöffnet, Eintritt frei, S-Bahn S 1, 2, 3 Königstraße

⑬ Boule-Spieler, Grillenthusiasten und junge Familien triffst du auf dem **Altonaer Balkon**, dem Park mit dem schönsten Aussichtspunkt von Altona. Du blickst über den Hafen, in der Ferne siehst du sogar die 54 Meter hohe Köhlbrandbrücke, vor dir liegt das von den Architekten Bothe, Richter & Teherani entworfene Bürogebäude Dockland. Bring dir ein Picknick mit und genieß den Sonnenuntergang.

Palmaille, www.hamburg.de/parkanlagen/3049512/altonaer-balkon, S-Bahn S 1, 2, 3 Königstraße

25
KASSE ÖFFNET
SNACKS + GETRÄNKE
TICKETS + RESERVIERUNG

3

2

(22) Die **Fabrik** ist die älteste Konzerthalle der Stadt und zweifellos auch eine der wichtigsten. Wenn du nicht auf Mainstream-Musik stehst, bist du hier richtig. Die ehemalige Maschinenfabrik hat sich den Industrielook bewahrt, mit mehreren Etagen und Galerien rund um den Saal. Einmal im Monat ist Marktzeit. Dann werden hier allerlei regional hergestellte Produkte verkauft, von Lebensmitteln und Getränken bis zu Schmuck und Accessoires. Ein wunderbarer Ort, um ins Wochenende zu starten.

Barnerstraße 36, www.fabrik.de, www.marktzeit.com, Tel. 040 391070, Öffnungszeiten Markt 9.30–14.30 Uhr, S-Bahn S 1, 2, 3, 11, 21, 31 Altona

(24) Das **Monsun Theater** liegt etwas verborgen in einem Innenhof, aber es lohnt sich, hier einen Abend zwischen den Locals zu verbringen. Es ist eins der ältesten Theater in Hamburg, und der Schwerpunkt liegt auf verschiedenen Kulturen sowie Kinder- und Jugendtheater. Schau doch mal an einem Sonntag während des Literatur- und Musiksalons vorbei.

Friedensallee 20, monsun.theater, Tel 040 3903148, ab 18.00 Uhr, Preis Theaterkarte ab € 13, S-Bahn S 1, 2, 3, 11, 21, 31 Altona

(25) Die ehemalige Schiffspropellerfabrik Theoder Zeise wurde 1988 zu einem modernen Kulturzentrum umgebaut. Du kannst sie von innen besichtigen und die Industriearchitektur bewundern. Die **Zeise Kinos** bilden mit ihren drei Sälen den Mittelpunkt des Kulturzentrums, drumherum befinden sich Galerien, das wunderbare Restaurant **Eisenstein** und das gemütliche Lokal **Filmhauskneipe**. Ideal für einen langen Kinoabend!

Friedensallee 7–9, www.zeise.de, Tel. 040 30603682, Mo–Fr 15 Min. vor der 1. Vorstellung, Sa–So 30 Min. vor der 1. Vorstellung, Preis Kinokarte Mo 7 €, Di–So 9 €, S-Bahn S 1, 2, 3, 11, 21, 31 Altona

ROUTE 6

ST. PAULI

INFOS ZUR ROUTE

Diese Route fasst die bunte Vielfalt, die St. Pauli zu bieten hat, gut zusammen. Das bedeutet, dass du nicht nur die unglaubliche Vielzahl an Bars und Cafés zu sehen bekommst, sondern auch historische Orte wie die Michaeliskirche und die Krameramtsstuben. Natürlich widmen wir uns auch der Erfolgsstory der Beatles, dem alternativeren St. Pauli und du kommst an die besten Plätzchen, um dir den Sonnenuntergang im Hafen anzuschauen.

DAS VIERTEL

Das alte Seemannsviertel **St. Pauli** ist Hamburgs Unterhaltungsmekka. Die Reeperbahn mit Sexclubs und Bars, die Theater am Spielbudenplatz, das Stadion des FC St. Pauli: Das Viertel steht für Spaß und Vergnügen, für alternativ und underground, aber auch für Sex, Drogen und Kriminalität. Das Amüsierviertel („der Kiez") hat in der Hafenstadt Hamburg eine lange Tradition, bereits im 18. Jahrhundert sorgten Gaukler und Künstler in Holzbuden auf dem Spielbudenplatz für Unterhaltung. Hier befindet sich auch Deutschlands bekannteste Polizeiwache, die mächtige Davidwache. In Hamburg gelang den Beatles der Durchbruch, stolz erinnert die Stadt mit dem **Beatles-Platz** an diese Zeit.

Nirgends gibt es ein gemischteres Publikum als auf dem Kiez. Neben zwielichtigen Typen, Touristenhorden und Halbwüchsigen feiert hier auch das hippe Hamburg. Der Hamburger Berg mit urgemütlichen Tanzcafés ist sehr beliebt, und auf der Reeperbahn findest du jede Menge gute Clubs und Cocktailbars. Auch die Wohlwillstraße mit ihren alternativen Läden, Cafés und Bars erfreut sich großer Beliebtheit. Das Publikum ist kreativ und politisch engagiert, das Straßenbild von **Street-Art** und Graffiti geprägt.

Nicht nur auf der Reeperbahn, auch in Hamburgs Containerhafen, dem drittgrößten Europas, ist rund um die Uhr Betrieb. Vom Aussichtspunkt bei der

Jugendherberge kannst du dir ein gutes Bild von dem Heer aus Kränen und Containern machen. Das Stück zwischen **St. Michaeliskirche** und Landungsbrücken ist das portugiesische Viertel mit vielen mediterranen Restaurants. Auf den **Landungsbrücken** wimmelt es nur so von Touristen, die eine Rundfahrt machen oder Schiffe anschauen wollen. Weiter westlich befinden sich der **Alte Elbtunnel** und die Strandcafés an der Elbe.

WENIG ZEIT? DAS SIND DIE HIGHLIGHTS:
KRAMERAMTSSTUBEN + ST. MICHAELISKIRCHE + LANDUNGSBRÜCKEN + REEPERBAHN & GROSSE FREIHEIT + RINDERMARKTHALLE ST. PAULI

TIPPS

// Geeignet für nachmittags und abends wegen der vielen Ausgehmöglichkeiten // Aussicht über die Stadt und den Hafen // Ein Muss für Beatles-Fans

ST. PAULI

1 Beyling-Stift
2 Perle Store
3 Zum Spätzle
4 Krameramtsstuben
5 St. Michaeliskirche
6 Old Commercial Room
7 Café Johanna
8 Luigi's
9 Landungsbrücken
10 Große Hafenrundfahrt
11 Aussichtspunkt auf dem Stintfang
12 Alter Elbtunnel
13 StrandPauli
14 Skyline Bar 20up
15 CUNEO
16 Herbertstraße
17 The Chug Club
18 Beatles-Platz
19 Molotow
20 Große Freiheit
21 dekoop
22 Krug
23 Hæbel
24 Street-Art in St. Pauli
25 Kuchnia
26 Kaffee Stark
27 Strips & Stories
28 Hey Du
29 Café MAY
30 Luicella's Ice Cream
31 Mexiko Strasse
32 Hanmi
33 Möwe Sturzflug
34 Musswessels
35 B-Movie
36 Kleine Pause
37 Nil
38 Rindermarkthalle St. Pauli

LEGENDE
>> SEHENSWÜRDIGKEITEN
>> ESSEN & TRINKEN
>> SHOPPEN
>> FREIZEITTIPPS
KAROLINEN-VIERTEL
ST. PAULI
NEUSTADT
ALTONA
ROUTE 1
ROUTE 2
ROUTE 3
ROUTE 5
ROUTE 6
START
ZIEL
Feldstraße (Heiligengeistfeld)
Uebel und Gefährlich
Millerntor-Stadion
Große Wallanlagen
Kellertheater Hamburg
Fliegende Bauten
Brahms-Museum
Museum für Hamburgische Geschichte
Hamburg Museum
St. Pauli
Neues Theater
Royal Theater
Imperial Theater
TUI Operettenhaus
Reeperbahn
St.Pauli Theater
Schmidts Theater
Skt. Pauli Museum
Alter Elbpark
Bismarck-Denkmal
Landungsbrücken
Baumwall
Norderelbe
Niederhafen
ST. PAULI ELBTUNNEL
0
250 m

BESCHREIBUNG ROUTE 6 (ca. 8,8 km)

Von der U-Bahnstation St. Pauli läufst du durch den Park zur Peterstraße. Biege bei Hausnr. 39 rechts in das Gässchen 1 und folge dann rechts der Neanderstraße. Links in den Neuen Steinweg und über den Großneumarkt 2 hinweg kannst du in der Wexstraße etwas essen 3. Weiter geht's rechts durch die Steinwegpassage, wieder rechts den Alten Steinweg hoch und links in die Erste Brunnenstraße. Durchquere den Tunnel und spaziere durch den Krayenkamp und in die Gasse bei Hausnr. 10 4. Umrunde die Kirche 5 6. Über die Englische Planke läufst du weiter hinab und anschließend über die Treppen rechts auf den Venusberg 7. Nimm danach schräg gegenüber die Treppen runter, durch die Reimarusstraße und die Ditmar-Koel-Straße 8 gelangst du ans Wasser 9. Hier kannst du eine Hafenrundfahrt 10 einschieben. Rechts die grünen Treppen hinauf, weiter über die Brücke und auf der linken Seite hoch bietet sich eine tolle Aussicht 11. Geh wieder hinab und dann rechts, um dir die Stadt von der gegenüberliegenden Elbseite aus anzuschauen 12. Schlendere weiter Richtung Stadtstrand 13. Überquere die Hafenstraße, lauf über den Fußweg hoch 14 und bummle weiter die Davidstraße 15 16 entlang. Biege rechts in die Hopfenstraße ab 17, zweimal links kommst du über die Friedrichstraße zum Hans-Albers-Platz. Überquere den Platz diagonal. Durch die Querstraße rechts in die Silbersackstraße erreichst du die Reeperbahn. Ein Stückchen nach links folgst du am Beatles-Platz 18 19 der Großen Freiheit 20. Zweige links und dann rechts in die Kleine Freiheit 21 und wieder rechts in die Paul-Roosen-Straße 22 23 24 ab. Du kannst auch rechts in der Talstraße etwas essen 25. Dann biegst du links in die Wohlwillstraße 26 27 und beim kleinen Platz rechts und nochmal rechts in die Hein-Hoyer-Straße 28. Weiter geht's links in die Seilerstraße 29, und bevor du der Detlev-Bremer-Straße nach rechts folgst, locken links noch ein Eis 30 und Tacos 31. Auf der Reeperbahn läufst du einen Block nach links und dann links in die Kleine Seilerstraße 32, anschließend links in die Simon-von-Utrecht-Straße. Spaziere rechts in die Detlev-Bremer-Straße, gleich wieder links in die Clemens-Schultz-Straße 33 34, an der Hein-Hoyer-Straße rechts und links über den Paulinenplatz zu einem besonderen Kino 35. Rechts die Wohlwillstraße 36 hinauf kannst du stilvoll am Park dinieren 37. Oder gehe weiter, quere den Park und biege rechts in den Neuen Pferdemarkt für ein vielfältiges Esserlebnis 38.

SEHENSWÜRDIGKEITEN

① Hamburg hat viele verborgene Innenhöfe, einer der schönsten ist der Innenhof des barocken **Beyling-Stifts** von 1751. 1971 wurden die prächtigen Giebel dieses massiven Backsteinbaus restauriert und die drumherum liegenden Fachwerkhäuser rekonstruiert, heute steht das Ensemble unter Denkmalschutz.
Eingang bei Neanderstraße 25, Eingang Innenhof gratis, U-Bahn U 3 St. Pauli, S-Bahn S 1, 2, 3 Stadthausbrücke

④ Gut versteckt in einer Gasse im Schatten des Michels liegen die **Krameramtsstuben**. Dieser Teil der Altstadt ist auf wundersame Weise vom Stadtbrand 1842 verschont geblieben. Die Kaufmannsgilde ließ die Fachwerkhäuser im 17. Jahrhundert für Kaufmannswitwen bauen. Aktuell befinden sich nostalgische Läden, ein winziges Museum, Cafés und das gleichnamige Restaurant in diesem liebevoll gepflegten, authentischen Teil von Hamburg.
Krayenkamp 10, www.hamburg.de/krameramtsstuben, Tel. 040 365800, Apr.–Okt. Di–So 10.00–17.00, Nov.–März Sa–So 10.00–17.00 Uhr, Eintritt Museumswohnung 2,50 €, U-Bahn U 3 Rödingsmarkt, S-Bahn S 1, 2, 3 Stadthausbrücke

⑤ Die barocke **St. Michaeliskirche**, liebevoll „der Michel" genannt, ist mit seinem 132 Meter hohen, weithin sichtbaren Turm ein Wahrzeichen der Stadt. Die Aussicht vom Turm ist herrlich. Es gibt zwar einen Aufzug, aber die Treppe ist eine interessante Alternative. Von da aus kannst du dir nämlich den Mechanismus der Kirchenglocke anschauen (mit einem Durchmesser von 8 Metern die größte Deutschlands). Es gibt Kombitickets, mit denen du auch abends noch mal auf den Turm kannst, um Hamburg bei Nacht zu sehen.
Englische Planke 1, www.st-michaelis.de, Tel. 040 376780, Mai–Okt. 9.00–19.30, Turm bis mindestens 23.00 Uhr, Nov.–März 10.00–17.30, Turm bis mindestens 21.00 Uhr, Eintritt Kirche frei, Turm 6 €, U-Bahn U 3 Rödingsmarkt, S-Bahn S 1, 2, 3 Stadthausbrücke

⑨ Hier schlägt das Herz der Stadt. Sie sind nicht nur ein wichtiger Verkehrsknotenpunkt, die **Landungsbrücken** sind auch Hamburgs größte touristische Attraktion. Sie bestehen aus mehreren Pontons, sind insgesamt 700 Meter lang und wurden 1920 als Anlegestelle für Dampfboote gebaut. Heute legen hier Rundfahrtschiffe und Fähren ab und an. Das große Bauwerk mit den zwei Kup-

LLERNTOR 404m
155m
ESSURE 940 m
KORALLE
GÄNGE 1/4
235 Meter
3000meter
ADF
KINGDRIPS 350 meter

9

peln ist das ehemalige Empfangsgebäude. Es gibt keinen besseren Ort, um Schiffe zu beobachten und sich durchpusten zu lassen.

Landungsbrücken, www.hamburg.de/landungsbruecken, Eintritt frei, U-Bahn U 3 Landungsbrücken, S-Bahn S 1, 2, 3 Landungsbrücken, Fährlinien 61, 62, 72, 73 Landungsbrücken

(16) Hinter den hohen Barrieren, die als Sichtschutz dienen, liegt die **Herbertstraße**, die „verbotene Bordellstraße". Die Sichtblenden wurden 1933 durch das Naziregime aufgestellt, als Prostitution streng verboten war. Man hat sie nie entfernt. Die Straße ist für Frauen tabu; sie werden mit Beschimpfungen, Spucken und Wasserbomben verjagt.

Herbertstraße, U-Bahn U 3 St. Pauli, S-Bahn S 1, 2, 3 Reeperbahn

(18) Hamburg ist stolz auf ihre Beatles, die hier „erwachsen" wurden. Das Beatles-Denkmal auf dem **Beatles-Platz** erinnert an die Zeit, als sie in Hamburg ihre ersten Auftritte hatten. Der kreisrunde Platz hat einen Durchmesser von 20 Metern und symbolisiert eine Schallplatte. Die fünf Metallstatuen (inkl. Stuart Sutcliffe)

sehen ein wenig aus wie überdimensionierte Ausstechformen für Kekse, aber es macht Spaß, sich hineinzustellen und ein Foto zu machen.

Kreuzung Reeperbahn/Große Freiheit, U-Bahn U 3 St. Pauli, S-Bahn S 1, 2, 3 Reeperbahn

⑳ Die **Große Freiheit** verdankt ihren Namen der Religions- und Zunftsfreiheit, die aus der Zeit stammt, als die Straße zum damals selbstständigen Altona gehörte. Die Große Freiheit ist die berühmteste Seitenstraße der Reeperbahn und wird auch „geile Meile" genannt: es wimmelt hier nur so vor Stripclubs wie dem bekannten Dollhouse. In der Hausnr. 39 residierte früher der Star-Club, wo die Beatles ihre ersten Auftritte hatten, bevor sie berühmt wurden.

Große Freiheit, U-Bahn U 3 St. Pauli, S-Bahn S 1, 2, 3 Reeperbahn

ESSEN & TRINKEN

③ Lust auf echte Spezialitäten aus Süddeutschland? Im kleinen, heimeligen Restaurant **Zum Spätzle** kocht Elisabeth den ganzen Tag die leckersten Rezepte ihrer Oma aus Schwaben. Auch die Einrichtung stammt von ihrer Oma, Besteck, Geschirr und Tischdecken, alles Vintage. Die Zutaten kommen aus der Region, und der Teig für die Spätzle wird jeden Tag frisch gemacht. Auf den Kreidetafeln stehen Lieblingsgerichte wie Spätzle mit Parmesan und hausgemachtem Pesto.

Wexstraße 31, www.zumspaetzle.de, Tel. 040 35739516, Mo–Fr 12.00–15.00 & 17.00–22.00, Sa 12.00–22.00 Uhr, Preis 12 €, S-Bahn S 1, 2, 3 Stadthausbrücke

⑥ Direkt gegenüber dem Michel liegt der **Old Commercial Room**. Das Restaurant ist zwar sehr touristisch, aber einzigartig; schon 1795 wurden hier Hamburger Seeleute verköstigt. Es gibt unglaublich viel zu sehen, die Wände hängen voll mit Fotos von deutschen Sängern, Schauspielern und Seefahrtslegenden. Die Tische stehen zum Teil in Nischen, wie auf einem Schiff. Das hier servierte traditionelle Labskaus kannst du auch als Mitbringsel in der Dose kaufen.

Englische Planke 10, www.oldcommercialroom.de, Tel. 040 366319, tgl. 12.00–0.00 Uhr, Preis 22 €, U-Bahn U 3 Rödingsmarkt, S-Bahn S 1, 2, 3 Stadthausbrücke

⑦ Auf dem Venusberg befindet sich das kleine **Café Johanna**. Der Mittagstisch dort erfreut sich großer Beliebtheit bei Leuten, die in der Umgebung arbeiten.

Die Salate und belegten Brote sind top, aber wirf auch einen Blick auf die Kreidetafel mit den täglich wechselnden Gerichten. Die Einrichtung ist eine Mischung aus retro und modern mit heimeligen Details wie Tischdecken und Geschirrtüchern. Neben der Terrasse und dem hellen Raum unten gibt es noch Tische im Obergeschoss. Der Aufstieg zum Café lohnt sich unbedingt!
Venusberg 26, www.cafejohanna.de, Tel. 040 38645278, Di–Fr 9.00–16.00, Sa–So 10.00–17.00 Uhr, Preis 8 €, U-Bahn U 3 Landungsbrücken, S-Bahn S 1, 2, 3 Landungsbrücken

(8) Die besten Pizzen der Stadt bekommst du bei **Luigi's**. Das Team spricht italienisch, und hier ist immer was los. Du hast die Auswahl zwischen Dutzenden verschiedener Pizzen mit knusprig dünnem Boden. An sonnigen Tagen bestellen viele ihre Pizza am offenen Fenster und nehmen sie mit, um sie ein Stück weiter auf den Landungsbrücken mit Aussicht auf den Hafen zu verputzen.
Ditmar-Koel-Straße 21, www.luigis-restaurants.de, Tel. 040 41281718, tgl. 11.30–23.00 Uhr, Preis Pizza 9,50 €, U-Bahn U 3 Landungsbrücken, S-Bahn S 1, 2, 3 Landungsbrücken

(13) Von deinem Liegestuhl aus siehst du durch Palmblätter ein gigantisches Containerschiff vorbeifahren, im Hintergrund läuft gute Musik – das erlebst du im **StrandPauli**. Diese gechillte Strandbar, wo du Cocktails trinken und Nachos, Salate, Burger und Pizza essen kannst, ist durch nichts zu toppen. Sonntags kannst du hier wunderbar frühstücken. Die Aussicht ist zugleich phänomenal und bizarr durch den großen Kontrast.
St. Pauli Hafenstraße 89, www.strandpauli.de, Tel. 040 22613105, Apr.–Sept. Mo–Fr ab 12.00, Sa–So ab 10.00, Nov.–März Do–Fr ab 16.00, Sa–So ab 10.00, Preis Bier 3,50 €, Nachos 5,20 €, U-Bahn U 3 Landungsbrücken, S-Bahn S 1, 2, 3 Landungsbrücken

(14) Cocktails *with a view* gibt's in der **Skyline Bar 20up**. Diese hippe Loungebar befindet sich im 20. Stockwerk des luxuriösen Empire Riverside Hotel. Die Aussicht auf den Hafen aus 90 Metern Höhe ist umwerfend, dafür sorgen auch entspiegelte Fenster an drei Seiten des Gebäudes. Die Kleidervorschrift lautet „sportlich-elegant".
Bernhard-Nocht-Straße 97, 20up.de, Tel. 040 3111970470, Mo–Do & So 18.00–2.00, Fr–Sa 18.00–3.00 Uhr, Preis Cocktail 12 €, U-Bahn U 3 Landungsbrücken, S-Bahn S 1, 2, 3 Landungsbrücken, Reeperbahn

7

29
MAY

26
We Want You!
REBELZ

Kaffee & Kuchen
29

AHOI
Sankt
Pauli

26
5€

23

25

13

(15) Eins der besten italienischen Restaurants Hamburgs ist das **CUNEO**. Von außen wirkt es nicht sehr ansprechend, aber lass dich dadurch nicht abschrecken. Einmal drinnen, zeigt CUNEO sich als stilvolles und intimes Restaurant mit einem interessanten Publikum aus Künstlerkreisen (das Theater Schmidts Tivoli ist um die Ecke). Unbedingt reservieren!
Davidstraße 11, www.cuneo1905.de, Tel. 040 312580, Mo–Sa 17.00–0.00 Uhr, Preis 13 €, U-Bahn U 3 St. Pauli, S-Bahn S 1, 2, 3 Reeperbahn

(17) Man läuft leicht an dieser unauffälligen Cocktailbar vorbei. Aber es lohnt sich, für eine leckere Margarita im **The Chug Club** einzukehren. In der Bar ist es etwas dunkel, aber die Atmosphäre ist angenehm. Du kannst auch draußen auf der roten Terrasse sitzen. Die Cocktails sind gut, die Spezialität sind Tequila und Mezcal. Du kannst dich nicht entscheiden? Dann ist „The Chug Flight" das Richtige für dich: Der Barkeeper zaubert drei kleine Überraschungs-Margaritas zur Verkostung. Garantiert sind Kombinationen dabei, die du noch nicht kanntest.
Taubenstraße 13, www.thechugclub.bar, Tel. 040 35735130, Di–Do & So 18.00–1.00, Fr–Sa 18.00–2.00 Uhr, Preis Verkostung 13 €, U-Bahn U 3 Landungsbrücken, St. Pauli, S-Bahn S 1, 2, 3 Landungsbrücken, Reeperbahn

(22) Die **Weinbar Krug** hat eine kleine, aber feine Speisekarte, die mehrmals in der Woche wechselt – immer dann, wenn etwas alle ist. Für den kleinen Hunger, und auch lecker zum Wein, gibt es stets auch Brot mit verschiedenen Wurst- und Käsesorten. Dieser Ort ist mit seiner bunt zusammengewürfelten, rustikalen Einrichtung und netten Atmosphäre in St. Pauli sehr beliebt. Es kann schon mal etwas lauter werden – Wein macht glücklich, und das merkt man hier.
Paul-Roosen-Straße 35, www.krughamburg.de, Tel. 015114075934, tgl. ab 18.00 geöffnet, Preis € 15, U-Bahn U 3 St. Pauli, S-Bahn S 1, 2, 3 Reeperbahn

(23) So kann der Abend beginnen: Gastfreundlichkeit und moderne, schlichte Einrichtung im Toprestaurant **Hæbel**, der ganze Stolz des Kochs Fabio. Die Speisen für die französische Küche mit skandinavischen Einflüssen werden nur aus besten Bio-Zutaten zubereitet, dazu ein herrlich ehrlicher Wein – Genuss pur!
Paul-Roosen-Straße 31, haebel.hamburg, Tel. 015172423046, Mi–Sa 17.00–23.00 Uhr, Preis „Carte blanche"-Menü 71 €, Weinbegleitung 41 €, U-Bahn U 3 St. Pauli, S-Bahn S 1, 2, 3 Reeperbahn

(25) Das **Kuchnia** ist ein fröhlich-kitschig eingerichtetes Restaurant mit Wodkabar. Auf der Speisekarte stehen osteuropäische Spezialitäten wie russische Eier mit Kaviar oder hausgemachte *Pelmeni* (gefüllte Teigtaschen). Dazu trinkst du Granatapfelsaft aus Kasachstan, ein polnisches Bier oder einen der vielen Wodkas.
Talstraße 87, www.kuchnia-wodkabar.de, Tel. 040 8226125, Mo–Fr 17.00–0.00, Sa 16.00–0.00, So 16.00–23.00 Uhr, Preis Karaffe Wodka ab 18 €, U-Bahn U 3 St. Pauli, S-Bahn S 1, 2, 3 Reeperbahn

(26) **Kaffee Stark** ist ein echtes Wohlwillstraßen-Café. Wie die Straße ist es für seine entspannte, alternative Atmosphäre bekannt, der ideale Ort, um dir einen guten Kaffee oder eine Rhabarberschorle mit einem Bio-Snack zu gönnen.
Wohlwillstraße 18, www.kaffeestark.de, Tel. 040 67382060, tgl. ab 10.00 Uhr, Preis Lunch 4,50 €, U-Bahn U 3 Feldstraße, St. Pauli

(29) Das **Café MAY** ist bei den Locals beliebt, nirgendwo sonst ist das Frühstücksbüfett so lecker und günstig. Das Café in St. Pauli ist von den insgesamt sieben Filialen in Hamburg das am zentralsten gelegene. Nimm Platz auf einem der Vintage-Sofas und genieß die fröhliche Hamburger Atmosphäre.
Hein-Hoyer-Straße 14, www.may-cafebar.de, Tel. 040 33398838, Mo–Do ab 7.00, Sa–So ab 8.00, Preis Frühstück 8,90 €, U-Bahn U 3 St. Pauli, S-Bahn S 1, 2, 3 Reeperbahn

(30) **Luicella's Ice Cream** wurde von ein paar Eis liebenden Freunden gegründet, und das schmeckt man! Mit inzwischen mehreren Läden in Hamburg sind sie unvermindert dabei, die Eiswelt aufzumischen. Fan geworden? Es gibt spezielle Eismischungen zu kaufen, mit denen du ihr Eis zuhause zubereiten kannst.
Detlev-Bremer-Straße 46, luicellas.de, Tel. 040 605906725, tgl. 12.00–22.00 Uhr, Preis Eiskugel 1,50 €, U-Bahn U 3 St. Pauli

(31) In der Taqueria **Mexiko Strasse** wird mit den Händen gegessen. Hier bekommst du Tacos, die ein bisschen anders sind, und es gibt ungefähr zehn verschiedene Sorten. Sie empfehlen, je nach Hunger, drei oder vier zu bestellen. Bestelle dir ein mexikanisches Bier und die frisch gemachte Guacamole mit Tortillachips, um in den Abend zu starten.
Detlev-Bremer-Straße 43, www.mexikostrasse.com, Mo–Sa 17.30–22.00, So 16.30–21.00 Uhr, Preis Taco 3,20 €, U-Bahn U 3 St. Pauli

(32) Lass dich durch die triste Fassade und die einfache Einrichtung nicht abschrecken – das Restaurant **Hanmi** verzaubert dich mit extrem leckerer koreanischer Küche. Du kannst dein Essen sogar selbst auf dem Tisch grillen. Vor allem abends kommt man sich vor wie in Korea, denn das Hamni ist bei Koreanern sehr beliebt.

Kleine Seilerstraße 1, www.hanmi.de, Tel. 040 78010777, Di–So 11.30–15.00, 17.30–23.00 Uhr, Preis 17 €, U-Bahn U 3 St. Pauli

(33) Ausrangierte Sofas, altmodische Schirmlampen und abblätternde Tapeten sorgen für den rauen Charme im **Möwe Sturzflug**, einer hippen, aber unprätentiösen Wohnzimmerkneipe. Neben den großartigen Cocktails gibt es Spezialitäten wie *Ebbelwoi* (Apfelwein) und ihre eigene, „Möwenschiss" genannte Schnapskreation: ein Gläschen Jenever, auf dem ein Stück Roggenbrot mit Meerrettichcreme liegt. Die perfekte Bar, um in den Abend zu starten.

Clemens-Schultz-Straße 96, moewe-sturzflug.de, Di–Sa ab 18.00, Preis Cocktail 7,50 €, U-Bahn U 3 St. Pauli

(36) Für Burger, Currywurst und Pommes gehen Jung und Alt, Arm und Reich, St.-Pauli- und HSV-Fans in die **Kleine Pause**. Ein typischer Imbiss mit Fußball im TV und lautstarken Mitarbeitern in weißen Schürzen. Dank der frühen Öffnungszeiten ideal für den Appetit nach einer durchfeierten Nacht auf der Reeperbahn oder im Schanzenviertel.
Wohlwillstraße 37, www.kleine-pause.de, Tel. 040 4301403, tgl. 10.00–21.00 Uhr, Preis 4 €, U-Bahn U 3 Feldstraße

(37) Das **Nil** ist ein Klassiker, ein wunderbares Restaurant in einem ehemaligen Geschäftshaus, du kannst im Souterrain, im Erdgeschoss, auf der Galerie und oder auf der Terrasse essen. Die Einrichtung ist ein Stilmix aus 50er-Jahre und modernen Elementen. Die mediterrane Fusion-Küche überzeugt durch Qualität. Sonntags kannst du neben der normalen Speisekarte „Das Abendbrot" bestellen, ein Überraschungsmenü mit drei Gängen für 22 € (ab 4 Personen).
Neuer Pferdemarkt 5, www.restaurant-nil.de, Tel. 040 4397823, Mo–Do & So 17.30–22.00, Fr–Sa 17.30–22.30 Uhr, Preis 5-Gänge-Menü Mo–Do & So 39 €, Fr–Sa 49 €, U-Bahn U 3 Feldstraße

SHOPPEN

(2) Der **Perle Store** lockt schon mit seinen tollen Schaufenstern. Drinnen weißt du gar nicht, wo du zuerst hinschauen sollst, der Laden ist eine wahre Schatzkammer an Designerklamotten. Stilvolle Kleidung für sie und ihn, Accessoires für dich und dein Zuhause – es ist unmöglich, hier nichts Schönes zu finden!
Großneumarkt 22, www.perlestore.com, Tel.040 30997466, Di–Fr 11.00–19.00, Sa 11.00–16.00 Uhr, S-Bahn S 1, 2, 3 Stadthausbrücke

(21) Das Hamburger Label **dekoop** stellt Bezahlbares für Menschen her, die mit schönen Dingen leben und arbeiten möchten. Es handelt sich um Praktisches, das einfach aber stilvoll gestaltet ist. Klassiker sind die Heimat-Schlüsselanhänger aus Filz und das Stadtlicht, ein Teelichthalter mit einer Außenhülle aus Transparentpapier, auf das die Skyline der Stadt projiziert wird.
Kleine Freiheit 1, www.dekoop.de, Tel. 040 40167587, Mo–Fr 10.00–18.00 Uhr, U-Bahn U 3 St. Pauli, S-Bahn S 1, 2, 3 Reeperbahn

(27) Das **Strips & Stories** ist randvoll mit Comics und Graphic Novels, aber es gibt auch eine Ecke mit schönen Büchern über Kultur, Politik, Kunst, Hamburg und St. Pauli. Hier kannst du wunderbar stöbern und blättern. Der Laden zieht ein kreatives Publikum an, ab und zu finden Events oder Auftritte statt.
Wohlwillstraße 28, www.strips-stories.de, Tel. 040 38074009, Di–Fr 13.00–19.00, Sa 11.00–18.00 Uhr, U-Bahn U 3 Feldstraße, St. Pauli

(28) **Hey Du** bezeichnet sich selbst als Oase für Inspiration, Diversität und Kreativität, und das mitten in St. Pauli. Dieser Pop-up-Store ist Laden, Atelier, Juwelier und Tattoo-Studio in einem. Hier bekommst du echte, einzigartige und künstlerische Hamburger Sachen wie T-Shirts, Poster, Schmuck, Tassen und Keramik.
Simon-von-Utrecht-Straße 86, www.heydu.store, Tel. 040 66875606, Mi–Fr 13.00–17.00, Sa 12.00–17.00 Uhr, U-Bahn U 3 St. Pauli, S-Bahn S 1, 2, 3 Reeperbahn

(34) Bevor Kathrin Musswessels ihre eigene Boutique für Damenbekleidung eröffnete, arbeitete sie u. a. für Herr von Eden und Marc Aurel. Neben ihrem eigenen minimalistischen Design verkauft die großartige Modemacherin auch sorgfältig ausgewählte Vintage-Kleidung in ihrem Laden. **Musswessels** ist ein absolutes Mode-Hightlight in St. Pauli.
Clemens-Schultz-Straße 29, www.musswessels.org, Tel. 040 75601433, Mo–Fr 12.00–19.00, Sa 11.00–18.00 Uhr, U-Bahn U 3 St. Pauli

FREIZEITTIPPS

(10) Die **Große Hafenrundfahrt** ist eine typische Aktivität für Neuankömmlinge in der Stadt. Auf den Landungsbrücken konkurrieren viele Reedereien um die Aufmerksamkeit der Touristen. Barkassen-Meyer bietet deutsch- und englischsprachige Touren an. Die Standardrundfahrt dauert eine Stunde und führt durch Speicherstadt und HafenCity, die XXL-Version läuft auch den Containerhafen an. Eine günstigere Alternative ist die Fähre: Mit einer HHV-Tageskarte kannst du, wenn du willst, den ganzen Tag durch den Hafen schippern.
Landungsbrücken, Brücke 2 oder 6, www.barkassen-meyer.de, Tel. 040 3177370, tgl. 10.00–17.00 Uhr, Abfahrt stündlich, Preis Reedereifahrt 18 €, HVV-Tageskarte 6,20 €, U-Bahn U 3 Landungsbrücken, S-Bahn S 1, 2, 3 Landungsbrücken

(11) Der Aufstieg ist zwar nicht ohne, aber der **Aussichtspunkt auf dem Stintfang** lohnt sich. Von den dicken Mauern aus, die das Areal umgeben, erfreust du dich bester Aussicht über Hafen und Landungsbrücken. Zu den Treppen gelangst du ab U+S-Bahnhof Landungsbrücken oder Ecke Venusberg/Kuhberg.
Alfred-Wegener-Weg 5 (bei der Jugendherberge auf dem Stintfang), U-Bahn U 3 Landungsbrücken, S-Bahn S 1, 2, 3 Landungsbrücken

(12) Der 426,50 Meter lange **Alte Elbtunnel** war 1911 die erste Flussuntertunnelung auf dem europäischen Kontinent. Heute ist er ein nostalgisches und gut erhaltenes Stück Geschichte, durch den du gehen oder radeln kannst. Autos werden mit einem Fahrstuhl nach unten gebracht. Vom anderen Elbufer aus bietet sich eine fantastische Panorama-Aussicht, dazu gibt's Currywurst vom Imbiss. Die Fahrstühle befinden sich in dem Gebäude mit der kupfergrünen Kuppel.
Bei den St. Pauli-Landungsbrücken, www.hamburg.de/alter-elbtunnel, rund um die Uhr für Fußgänger und Radfahrer geöffnet, Fahrzeuge Mo–Fr 5.30–20.00, Sa–So 10.00–18.00 Uhr, Eintritt Fußgänger/Radfahrer gratis, Fahrzeuge 2 €, U-Bahn U 3 Landungsbrücken, S-Bahn S 1, 2, 3 Landungsbrücke

20
36
GROSSE FREIH

12

38
EFFENBERGER
VOLLKORN - BÄCKEREI

10
DOCK ELB
HAMBURG-D

20

(19) Rockmusik-Fan und Lust zu feiern? Ab ins **Molotow**, eine Institution, ja eine Legende in St. Pauli. Seit über 20 Jahren ist dieser Club der Ort, um neue Underground-Bands zu entdecken. Neben den Konzerten sind auch die Poetry-slams zu empfehlen. Du solltest dir vorab ein Ticket besorgen, denn die Schlangen vor der Abendkasse sind lang und die Karten schnell weg.

Nobistor 14, www.molotowclub.com, Tel. 040 310845, tgl. 20.00–6.00 Uhr, Programm und Preise siehe Webseite, U-Bahn U 3 St. Pauli, S-Bahn S 1, 2, 3 Reeperbahn

(24) Farbenfrohe Street-Art bekommst du in **St. Pauli** reichlich zu sehen, z. B. an der Ecke Paul-Roosen- und Talstraße. Auch das Unbeständige von Street-Art fällt hier extrem auf, fast jede Woche wird ein Kunstwerk durch einen anderen Künstler übermalt.

Paul-Roosen-Straße, U-Bahn U 3 St. Pauli, S-Bahn S 1, 2, 3 Reeperbahn

(35) Das kleine, unabhängige Programmkino **B-Movie** findest du irgendwo hinten in einem Innenhof. Das Kino zeigt keine Reklame und ist ehrenamtlich organisiert. Das Kino- und Kulturprogramm ist breit aufgestellt, es gibt vergessene Klassiker, Filme für Gehörlose und viele Dokumentationen. Fast alle Filme werden in OmU (Originalversion mit deutschen Untertiteln) gezeigt.

Brigittenstraße 5, www.b-movie.de, Tel. 040 4306867, ab der ersten Vorstellung, Preis Kinokarte 3,50 € (+ ein freiwilliger Beitrag), U-Bahn U 3 Feldstraße, S-Bahn S 1, 2, 3 Reeperbahn

(38) Die ehemalige **Rindermarkthalle St. Pauli** wurde 2014 als Markthalle mit dem Motto „Ein Ort zum Riechen, Schmecken und Entdecken" neu eröffnet. Es gibt dort z. B. einen Weinladen, einen Biomarkt, einen Craftbeer-Shop und einen Skateboard-Laden sowie verschiedene Restaurants, wo du sowohl mittags als auch abends essen gehen kannst. Der riesige Edeka hat auch eine gut sortierte Craftbeer-Abteilung. Auf dem Platz vor der Markthalle finden Flohmärkte und Foodtruck-Festivals statt.

Neuer Kamp 31, www.rindermarkthalle-stpauli.de, Tel. 040 87976390, Mo–Sa 10.00–20.00 Uhr (Restaurants länger), Eintritt frei, U-Bahn U 3 Feldstraße

WAS ES SONST NOCH GIBT

Wenn du den Routen dieses Guides folgst, kommst du automatisch an den wichtigsten Highlights der Stadt vorbei. Jedoch gibt es jenseits dieser Routen noch mehr Orte und Sehenswürdigkeiten, die sich lohnen würden, hier werden einige kurz aufgeführt. Aufgepasst: Manche sind vom Zentrum aus zu Fuß nur schwer zu erreichen, aber mit öffentlichen Verkehrsmitteln kommst du gut hin.

Ⓐ Eine schöne Idee für einen romantischen Abend: **Candlelight-Schwimmen** im **Holthusenbad**. Im thermalen Teil dieses prächtigen Jugendstilschwimmbads gehen jeden Freitag von 20–22 Uhr die Lichter aus und zu leiser klassischer Musik die Kerzen an. Es gibt außerdem ein beheiztes Außenbecken, ein Wellenbad und einen Wellnessbereich mit Sauna.

Goernestraße 21, www.baederland.de, Tel. 040 188890, tgl. 9.00–23.00 Uhr, Candlelight-Schwimmen Apr.–Okt Fr 20.00-22.00 Uhr, Eintritt 10,60 € (für den ganzen Tag, ohne Sauna), U-Bahn U 1, 3 Kellinghusenstraße

Ⓑ Fahre ab Fischmarkt nur eine Station mit der Fähre (oder mit dem Rad oder zu Fuß weiter die Elbe entlang) und schon bist du am **Elbstrand**. Während du die Zehen in den Elbsand gräbst, fahren die Containerschiffe an dir vorbei. Am Strand gibt's genug Auswahl an Restaurants und Terrassen, aber mach es wie die Locals und lauf weiter rauf zur **Strandperle** (*www.strandperle-hamburg.de*) oder zum **Strandkiosk** (*www.strandkiosk-hamburg.de*). Diese beiden Strandcafés sind schon seit den 1970er-Jahren der *place to be*.

Övelgönne 62–89, Bus 112, Fähre 62 Neumühlen/Övelgönne

Ⓒ **Kaltehofe** ist eine künstliche Insel in der Elbe. Hier dreht sich alles ums Wasser, die Becken auf der Insel wurden ab dem 19. Jahrhundert genutzt, um Hamburgs Trinkwasserqualität zu verbessern. Ein großer Teil der Insel ist heute ein Natur- und Vogelschutzgebiet. Ein Museum führt dich durch die Geschichte der Hamburger Wasserversorgung, von der ehemals schlechten Hygiene und Trinkwasserqualität bis zu den imposanten Springbrunnen in Hamburg. Das Museum befindet sich in einer mächtigen Villa aus dem 19. Jahrhundert.

Museum: Kaltehofe-Hauptdeich 6-7, www.wasserkunst-hamburg.de, Tel. 040 788849990, Mi-So 10.00–18.00 Uhr, Eintritt Museum 5,50 €, Bus 3, 120, 124 Billhorner Deich

D

Ⓓ Im ehemaligen Wasserturm mitten im **Stadtpark** befindet sich das **Planetarium**, eins der wichtigsten Sternkundezentren Europas. Dort werden u. a. spektakuläre 3D-Simulationen, informative Dokumentarfilme und Projektionen vom Sternenhimmel gezeigt. Der Aussichtspunkt auf 42 Meter Höhe bietet eine tolle Aussicht auf Hamburgs größten Park, den Stadtpark mit See, Grillwiesen und Biergarten.

Otto-Wels-Straße 1 (im Stadtpark), www.planetarium-hamburg.de, Tel. 040 428865210, Mo–Fr 08.00–20.00, Sa 10.00–18.00 Uhr, Eintritt 12 €, U-Bahn U 1 Hudtwalckerstraße, U 3 Borgweg

Ⓔ Mitten in der Stadt Rehen, Füchsen oder Dutzenden von Einhörnchen begegnen? Das ist im **Niendorfer Gehege** möglich. Mit 15 Kilometern Wanderwegen ist der Wald perfekt für eine Wanderung, Radfahren und Reiten sind auch erlaubt. Nach all der Bewegung Hunger bekommen? Dann bietet sich das **Waldcafé Corell** an. Im Sommer gibt es ausgewiesene Flächen, wo du grillen darfst.

Waldcafé Corell: Niendorfer Gehege 50, www.waldcafe-corell.de, Tel. 040 585378, Di–So 11.00–22.00 Uhr, Preis Kakao mit Sahne 3,30 €, U-Bahn U 2 Niendorf Markt

Ⓕ **Schloss Bergedorf** ist das einzige Schloss im Hamburger Hoheitsgebiet und beherbergt das **Museum für Bergedorf und die Vierlande**, das die Geschichte des Stadtteils Bergedorf erzählt. Das Schloss ist von einer schönen Parkanlage umgeben. In Bergedorf befindet sich auch das Besucherzentrum der **Hamburger Sternwarte** mit einer herrlichen Bibliothek und mehreren Teleskopkuppeln im Neobarock-Stil. Zur „Langen Nacht der Museen" kannst du einige Kuppeln von innen besichtigen. Die Sternwarte ist immer noch in Betrieb.

Museum: Bergedorfer Schlossstraße 4, Sternwarte: Gojensbergweg 112, www.bergedorfer-museumslandschaft.de, Tel. 040 428912509, Museum Di–So 11.00–17.00 Uhr, Sternwarte Mi–Fr 12.00–14.00, Sa–So 10.00–18.00 Uhr, Eintritt Museum 5 €, Sternwarte gratis, S-Bahn S 2, 21 Hamburg-Bergedorf

Ⓖ Während des Zweiten Weltkriegs wurde im Stadtteil **Wilhelmsburg** ein Flakturm mit Luftabwehrgeschütz auf dem Dach gebaut. Der Bunker heißt heute **Energiebunker** und versorgt Hamburg mit Strom. Auf dem Dach befindet sich das **Café vju**, dort gibt's Kaffee mit toller Aussicht, u. a. auf die andere Seite des Hafens. Du kannst auch eine Runde über das Dach drehen und von oben auf das grüne Wilhelmsburg schauen. Am Wochenende finden Führungen durch den Bunker statt. Wilhelmsburg ist ein aufstrebender Stadtteil, in den viel investiert wird. 2013 fand dort die Internationale Gartenschau statt, hierfür wurden über 100 Hektar Parkfläche angelegt, der **Inselpark**, mit Spielplätzen, Liegewiesen und Sporteinrichtungen wie Kletterpark, Skatebahn und Disc-Golf-Anlage.

Neuhöfer Straße 7, www.vju-hamburg.de, Tel. 015758553706, Bunker Fr 12.00–18.00, Sa–So 10.00–18.00 Uhr, Bunkerführung jeden 2. So im Monat, Preis Führung 5 €, Bus 151, 252 Neuhöferstraße Ost (ab S-Bahn S Wilhelmsburg)

Ⓗ Der **Friedhof Ohlsdorf** wurde 1877 als „Landschaftspark mit Gräbern" eröffnet. Man kann wunderschön zwischen den Bäumen und an Prunkgräbern und Teichen entlang spazieren. Mit gut und gerne 389 Hektar ist dies der größte Parkfriedhof der Welt. Im Park gibt es ein kleines Museum, Wege und sogar Bushaltestellen. Nach dem Spazieren hast du dir ein Stück Kuchen im **Café Fritz** (*cafefritz-hamburg.de*) am Rande des Parks verdient.

Fuhlsbüttler Straße 756, www.friedhof-hamburg.de, Tel. 040 593880, tgl. Apr.–Okt. 8.00–21.00, Nov.–März 8.00–18.00 Uhr, Museum Mo, Do & So 10.00–14.00 Uhr, Eintritt Museum frei, U-Bahn U Ohlsdorf, 1 S-Bahn S 1, 11 Ohlsdorf

Ⓘ Eine **Runde um die Alster radeln** macht Spaß, und du bekommst in kurzer Zeit einen Eindruck von der Stadt. Die Tour führt entlang des Ufers und durch mehrere Stadtteile. Los geht's beim Alsterpavillon am Jungfernstieg, gegen den Uhrzeigersinn die Binnenalster entlang. Über den Ballindamm fährst du an der **Hamburger Kunsthalle** vorbei, dem wichtigsten Kunstmuseum der Stadt. Fahr unter dem Bahndamm durch und am imposanten **Hotel Atlantic** vorbei, das 1909 für die Passagiere der Hamburg-Amerika-Linie eröffnet wurde. Überquere die Straße, um auf dem Radweg entlang der Außenalster weiterzufahren. Du gelangst zur **Alsterwiese**, einem beliebten Grillplatz. Weiter über die Schöne Aussicht, am romantischen **Café Alsterperle** vorbei und an der **Imam-Ali-Moschee**, auch Hamburgs Blaue Moschee genannt. Du darfst sie auch als Nicht-Moslem besichtigen. Fahr weiter über die Fährhausstraße, dann links in die Herbert-Weichmann-Straße. Überquere das Wasser und folge links Bellevue weiter am Wasser entlang. Biegst du rechts in die Körnerstraße, kannst du Uhlenhorst erkunden, ein ruhiger Stadtteil mit netten Lokalen und Läden. Weiter geht's über Fernsicht, bei **Bobby Reich** kannst du ein Kanu, Ruderboot, Tretboot oder SUP mieten. Über die Krugkoppelbrücke fährst du weiter, dann links über den Harvestehuder Weg, oder mit dem Rad in der Hand am Wasser entlang zum Restaurant **AlsterCliff** oder **Café Bodo's Bootssteg**. Folge dem Radweg. Zu deiner Rechten taucht das Amerikanische Generalkonsulat auf. Kehre etwas weiter im **Basil & Mars** zum Abendessen ein. Folge dem Radweg, überquere das Alsterglacis und fahr unter der Bahnbrücke durch. Biege links auf die Lombardsbrücke für eine tolle Aussicht auf die Binnenalster. Auf dem Neuen Jungfernstieg geht's zurück zum Startpunkt.
Neuer Jungfernstieg (Start), U-Bahn U 1, 2, 4 Jungfernstieg, S-Bahn S 1, 2, 3 Jungfernstieg

Ⓙ **Lüneburg** liegt 45 Kilometer südlich von Hamburg. Das fotogene historische Zentrum bietet sich geradezu für einen Spaziergang an. Die Stadt ist über 1000 Jahre alt und war früher durch den Handel mit Salz, auch „weißes Gold" genannt, von großer Bedeutung. In der ehemaligen Salzmine befindet sich heute das **Deutsche Salzmuseum**, in dem du alles darüber erfährst. Von den alten Wassertürmen aus schaut man von oben auf Lüneburg. Bierliebhaber tauchen in das **Brauereimuseum** ein (und trinken danach erst mal ein Bier).
Lüneburg, www.lueneburg.info, vom Hauptbahnhof mit dem Zug nach Lüneburg (Fahrtdauer 35 Min.)

Ⓚ **Blankenese** ist ein idyllisches Fleckchen an der Elbe, das zu Hamburg gehört. Es liegt auf dem Süllberg und ist auch als Treppenviertel bekannt: die schönen weißen, terrassenartig auf dem Berg angeordneten Villen sind durch ein Wirrwarr an Wegen und Treppen miteinander verbunden, die du entlang spazieren kannst. Für ein echt romantisches Dinner geht's zum Restaurant **Süllberg** (*www.suellberg-hamburg.de*) auf dem höchsten Punkte von Blankenese.
Hamburg-Blankenese, www.blankenese.de, S-Bahn S 1, 11 Blankenese, nächstgelegener Fähranleger Teufelsbruck (Fähre 64, via 62)

Ⓛ Das **Alte Land** südlich der Elbe ist das größte Obstanbaugebiet in Nordeuropa, mit Ländereien, die unter dem Wasserniveau liegen und darum sehr fruchtbar sind. Die Niederländer zeigten den Leuten hier damals, wie sie mit Deichen und Gräben das Land schützen und entwässern konnten. In **Buxtehude**, einem der historischen Orte der Region kannst du Räder mieten, um das Alte Land zu erkunden, Bauern bieten Führungen über ihre Ländereien an.
Buxtehude, www.buxtehude.de/tourismus, S-Bahn S 3 Hauptbahnhof–Buxtehude Fahrtdauer 39 Min.

REGISTER

SHOPPEN

FREIZEITTIPPS

TRANSPORT

IN GLEICHER REIHE

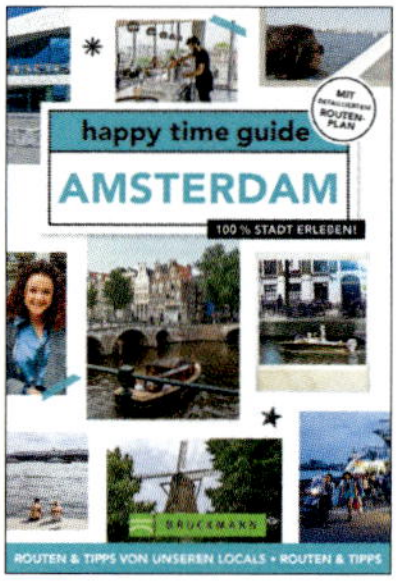

ISBN 978-3-7343-2021-7

ISBN 978-3-7343-2583-0

ISBN 978-3-7343-1878-8

ISBN 978-3-7343-2582-3

Happy time guide – mehr als ein Reiseführer!

Der happy time guide nimmt dich mit auf unterschiedliche Spaziergänge, auf denen du die Stadt in deinem eigenen Tempo entdeckst und den Lebensstil der Locals kennenlernst. Und das alles, ohne dich vorbereiten zu müssen! Alle Adressen sind persönliche Empfehlungen der Autoren, die in der Stadt leben. Mit inspirierenden Bildern und praktischen Ausklappkarten.

BRUCKMANN

www.bruckmann.de

ERSCHIENEN

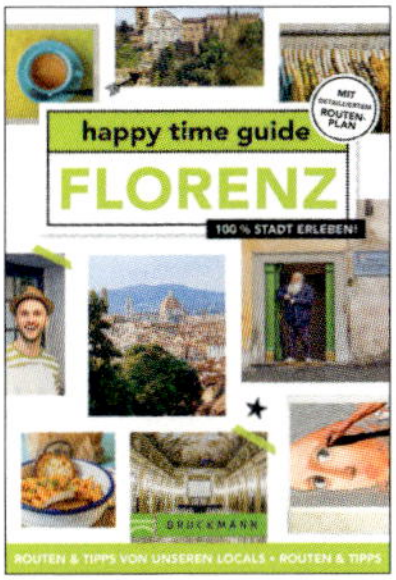

ISBN 978-3-7343-2581-6

ISBN 978-3-7343-2576-2

ISBN 978-3-7343-2580-9

ISBN 978-3-7343-2579-3

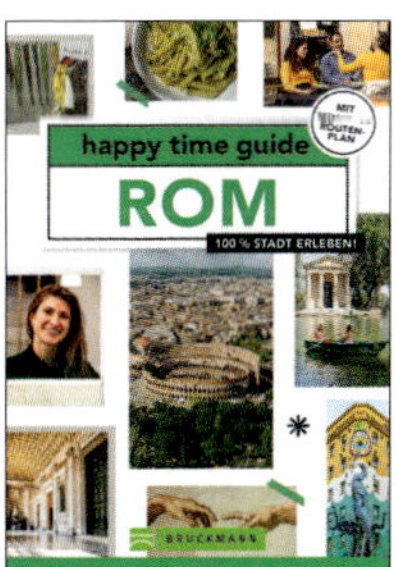

ISBN 978-3-7343-2578-6

ISBN 978-3-7343-2577-9

IMPRESSUM

This edition is published by Bruckmann Verlag GmbH
in cooperation with »time to momo«.
Autorin: Eva Rikkers
Fotos: Jelle Oostrom, Marjolein den Hartog, foto p. 151 The George Hotel
Layout: Studio 100%, Oranje Vormgevers
Kartografie: Van Oort redactie en kartografie
Repro: Marcel Beijnsberger

DEUTSCHE AUSGABE
© 2022 Bruckmann Verlag GmbH,
Infanteriestraße 11a, 80797 München
Verantwortlich: Claudia Hohdorf
Übersetzung: Alexandra Hölscher
Redaktion: Gritta Deutschmann,
www.bintang-berlin.de
Korrektorat: Katharina Grimm
Satz: Gritta Deutschmann
Repro: LUDWIG:media
Herstellung: Alexander Knoll
Printed in Slovenia by Florjancic
ISBN 978-3-7343-2576-2

★★★★★

Sind Sie mit diesem Titel zufrieden? Dann würden wir uns über Ihre Weiterempfehlung freuen. Erzählen Sie es im Freundeskreis, berichten Sie Ihrem Buchhändler, oder bewerten Sie bei Onlinekauf. Und wenn Sie Kritik, Korrekturen, Aktualisierungen haben, freuen wir uns über Ihre Nachricht an Bruckmann Verlag, Postfach 40 02 09, D-80702 München oder per E-Mail an lektorat@verlagshaus.de.

Unser komplettes Programm finden Sie unter www.bruckmann.de

In diesem Buch wird aus Gründen der besseren Lesbarkeit das generische Maskulinum verwendet. Weibliche und anderweitige Geschlechteridentitäten sind dabei ausdrücklich mitgemeint, soweit es für die Aussage erforderlich ist.

Die Deutsche Nationalbibliothek verzeichnet diese Publikation in der Deutschen Nationalbibliografie; detaillierte bibliografische Daten sind im Internet über http://dnb.d-nb.de abrufbar.